LETÃO
VOCABULÁRIO

PORTUGUÊS BRASILEIRO

PORTUGUÊS LETÃO

Para alargar o seu léxico e apurar
as suas competências linguísticas

5000 palavras

Vocabulário Português Brasileiro-Letão - 5000 palavras

Por Andrey Taranov

Os vocabulários da T&P Books destinam-se a ajudar a aprender, a memorizar, e a rever palavras estrangeiras. O dicionário é dividido em temas, cobrindo todas as principais esferas de atividades quotidianas, negócios, ciência, cultura, etc.

O processo de aprendizagem, utilizando os dicionários baseados em temáticas da T&P Books dá-lhe as seguintes vantagens:

- Informação de origem corretamente agrupada predetermina o sucesso em fases subsequentes da memorização de palavras
- Disponibilização de palavras derivadas da mesma raiz, o que permite a memorização de unidades de texto (em vez de palavras separadas)
- Pequenas unidades de palavras facilitam o processo de estabelecimento de vínculos associativos necessários para a consolidação do vocabulário
- O nível de conhecimento da língua pode ser estimado pelo número de palavras aprendidas

T&P Books Publishing
www.tpbooks.com

ISBN: 978-1-78767-379-3

Este livro também está disponível em formato E-book.
Por favor visite www.tpbooks.com ou as principais livrarias on-line.

VOCABULÁRIO LETÃO
palavras mais úteis

Os vocabulários da T&P Books destinam-se a ajudar a aprender, a memorizar, e a rever palavras estrangeiras. O vocabulário contém mais de 5000 palavras de uso comum organizadas tematicamente.

O vocabulário contém as palavras mais comummente usadas

Recomendado como adicional para qualquer curso de línguas

Satisfaz as necessidades dos iniciados e dos alunos avançados de línguas estrangeiras

Conveniente para o uso diário, sessões de revisão e atividades de auto-teste

Permite avaliar o seu vocabulário

Características especias do vocabulário

- As palavras estão organizadas de acordo com o seu significado, e não por ordem alfabética
- As palavras são apresentadas em três colunas para facilitar os processos de revisão e auto-teste
- As palavras compostas são divididas em pequenos blocos para facilitar o processo de aprendizagem
- O vocabulário oferece uma transcrição simples e adequada de cada palavra estrangeira

O vocabulário contém 155 tópicos incluindo:

Conceitos básicos, Números, Cores, Meses, Estações do ano, Unidades de medida, Roupas & Acessórios, Alimentos & Nutrição, Restaurante, Membros da Família, Parentes, Caráter, Sentimentos, Emoções, Doenças, Cidade, Passeios, Compras, Dinheiro, Casa, Lar, Escritório, Trabalho no Escritório, Importação & Exportação, Marketing, Pesquisa de Emprego, Esportes, Educação, Computador, Internet, Ferramentas, Natureza, Países, Nacionalidades e muito mais ...

TABELA DE CONTEÚDOS

Guia de pronunciação   9
Abreviaturas   11

CONCEITOS BÁSICOS   12
Conceitos básicos. Parte 1   12

1. Pronomes   12
2. Cumprimentos. Saudações. Despedidas   12
3. Como se dirigir a alguém   13
4. Números cardinais. Parte 1   13
5. Números cardinais. Parte 2   14
6. Números ordinais   15
7. Números. Frações   15
8. Números. Operações básicas   15
9. Números. Diversos   15
10. Os verbos mais importantes. Parte 1   16
11. Os verbos mais importantes. Parte 2   17
12. Os verbos mais importantes. Parte 3   18
13. Os verbos mais importantes. Parte 4   19
14. Cores   20
15. Questões   20
16. Preposições   21
17. Palavras funcionais. Advérbios. Parte 1   21
18. Palavras funcionais. Advérbios. Parte 2   23

Conceitos básicos. Parte 2   25

19. Dias da semana   25
20. Horas. Dia e noite   25
21. Meses. Estações   26
22. Unidades de medida   28
23. Recipientes   29

O SER HUMANO   30
O ser humano. O corpo   30

24. Cabeça   30
25. Corpo humano   31

Vestuário & Acessórios   32

26. Roupa exterior. Casacos   32
27. Vestuário de homem & mulher   32

28. Vestuário. Roupa interior   33
29. Adereços de cabeça   33
30. Calçado   33
31. Acessórios pessoais   34
32. Vestuário. Diversos   34
33. Cuidados pessoais. Cosméticos   35
34. Relógios de pulso. Relógios   36

Alimentação. Nutrição   37

35. Comida   37
36. Bebidas   38
37. Vegetais   39
38. Frutos. Nozes   40
39. Pão. Bolaria   41
40. Pratos cozinhados   41
41. Especiarias   42
42. Refeições   43
43. Por a mesa   44
44. Restaurante   44

Família, parentes e amigos   45

45. Informação pessoal. Formulários   45
46. Membros da família. Parentes   45

Medicina   47

47. Doenças   47
48. Sintomas. Tratamentos. Parte 1   48
49. Sintomas. Tratamentos. Parte 2   49
50. Sintomas. Tratamentos. Parte 3   50
51. Médicos   51
52. Medicina. Drogas. Acessórios   51

HABITAT HUMANO   53
Cidade   53

53. Cidade. Vida na cidade   53
54. Instituições urbanas   54
55. Sinais   55
56. Transportes urbanos   56
57. Turismo   57
58. Compras   58
59. Dinheiro   59
60. Correios. Serviço postal   60

Moradia. Casa. Lar   61

61. Casa. Eletricidade   61

62. Moradia. Mansão 61
63. Apartamento 61
64. Mobiliário. Interior 62
65. Quarto de dormir 63
66. Cozinha 63
67. Casa de banho 64
68. Eletrodomésticos 65

ATIVIDADES HUMANAS 66
Emprego. Negócios. Parte 1 66

69. Escritório. O trabalho no escritório 66
70. Processos negociais. Parte 1 67
71. Processos negociais. Parte 2 68
72. Produção. Trabalhos 69
73. Contrato. Acordo 70
74. Importação & Exportação 71
75. Finanças 71
76. Marketing 72
77. Publicidade 73
78. Banca 73
79. Telefone. Conversação telefônica 74
80. Telefone móvel 75
81. Estacionário 75
82. Tipos de negócios 76

Emprego. Negócios. Parte 2 78

83. Espetáculo. Feira 78
84. Ciência. Investigação. Cientistas 79

Profissões e ocupações 81

85. Procura de emprego. Demissão 81
86. Gente de negócios 81
87. Profissões de serviços 82
88. Profissões militares e postos 83
89. Oficiais. Padres 84
90. Profissões agrícolas 84
91. Profissões artísticas 85
92. Várias profissões 85
93. Ocupações. Estatuto social 87

Educação 88

94. Escola 88
95. Colégio. Universidade 89
96. Ciências. Disciplinas 90
97. Sistema de escrita. Ortografia 90
98. Línguas estrangeiras 91

Descanso. Entretenimento. Viagens   93

99. Viagens   93
100. Hotel   93

EQUIPAMENTO TÉCNICO. TRANSPORTES   95
Equipamento técnico. Transportes   95

101. Computador   95
102. Internet. E-mail   96
103. Eletricidade   97
104. Ferramentas   97

Transportes   100

105. Avião   100
106. Comboio   101
107. Barco   102
108. Aeroporto   103

Eventos   105

109. Férias. Evento   105
110. Funerais. Enterro   106
111. Guerra. Soldados   106
112. Guerra. Ações militares. Parte 1   107
113. Guerra. Ações militares. Parte 2   109
114. Armas   110
115. Povos da antiguidade   112
116. Idade média   112
117. Líder. Chefe. Autoridades   114
118. Violação da lei. Criminosos. Parte 1   115
119. Violação da lei. Criminosos. Parte 2   116
120. Polícia. Lei. Parte 1   117
121. Polícia. Lei. Parte 2   118

NATUREZA   120
A Terra. Parte 1   120

122. Espaço sideral   120
123. A Terra   121
124. Pontos cardeais   122
125. Mar. Oceano   122
126. Nomes de Mares e Oceanos   123
127. Montanhas   124
128. Nomes de montanhas   125
129. Rios   125
130. Nomes de rios   126
131. Floresta   126
132. Recursos naturais   127

A Terra. Parte 2   129

133. Tempo   129
134. Tempo extremo. Catástrofes naturais   130

Fauna   131

135. Mamíferos. Predadores   131
136. Animais selvagens   131
137. Animais domésticos   132
138. Pássaros   133
139. Peixes. Animais marinhos   135
140. Anfíbios. Répteis   135
141. Insetos   136

Flora   137

142. Árvores   137
143. Arbustos   137
144. Frutos. Bagas   138
145. Flores. Plantas   139
146. Cereais, grãos   140

PAÍSES. NACIONALIDADES   141

147. Europa Ocidental   141
148. Europa Central e de Leste   141
149. Países da ex-URSS   142
150. Asia   142
151. América do Norte   143
152. América Central do Sul   143
153. Africa   144
154. Austrália. Oceania   144
155. Cidades   144

GUIA DE PRONUNCIAÇÃO

Letra	Exemplo Letão	Alfabeto fonético T&P	Exemplo Português
A a	adata	[ɑ]	chamar
Ā ā	ābols	[ɑ:]	rapaz
E e	egle	[e], [æ]	mover
Ē ē	ērglis	[e:], [æ:]	plateia
I i	izcelsme	[i]	sinônimo
Ī ī	īpašums	[i:]	cair
O o	okeāns	[o], [o:]	noite
U u	ubags	[u]	bonita
Ū ū	ūdens	[u:]	blusa

Consoantes

B b	bads	[b]	barril
C c	cālis	[ʦ]	tsé-tsé
Č č	čaumala	[ʧ]	Tchau!
D d	dambis	[d]	dentista
F f	flauta	[f]	safári
G g	gads	[g]	gosto
Ģ ģ	ģitāra	[dʲ]	adiar
H h	haizivs	[h]	[h] aspirada
J j	janvāris	[j]	Vietnã
K k	kabata	[k]	aquilo
Ķ ķ	ķilava	[tʲ/ʧ]	semelhante a 't' em 'sitiado'
L l	labība	[l]	libra
Ļ ļ	ļaudis	[ʎ]	barulho
M m	magone	[m]	magnólia
N n	nauda	[n]	natureza
Ņ ņ	ņaudēt	[ɲ]	ninhada
P p	pakavs	[p]	presente
R r	ragana	[r]	riscar
S s	sadarbība	[s]	sanita
Š š	šausmas	[ʃ]	mês
T t	tabula	[t]	tulipa
V v	vabole	[v]	fava

Letra	Exemplo Letão	Alfabeto fonético T&P	Exemplo Português
Z z	zaglis	[z]	sésamo
Ž ž	žagata	[ʒ]	talvez

Comentários

* As letras Qq, Ww, Xx, Yy são usadas apenas em estrangeirismos
** O Letão oficial e, com poucas exceções, todos os dialetos da Letônia têm acentuação fixa inicial.

ABREVIATURAS
usadas no vocabulário

Abreviaturas do Português

adj	-	adjetivo
adv	-	advérbio
anim.	-	animado
conj.	-	conjunção
desp.	-	esporte
etc.	-	Etcetera
ex.	-	por exemplo
f	-	nome feminino
f pl	-	feminino plural
fem.	-	feminino
inanim.	-	inanimado
m	-	nome masculino
m pl	-	masculino plural
m, f	-	masculino, feminino
masc.	-	masculino
mat.	-	matemática
mil.	-	militar
pl	-	plural
prep.	-	preposição
pron.	-	pronome
sb.	-	sobre
sing.	-	singular
v aux	-	verbo auxiliar
vi	-	verbo intransitivo
vi, vt	-	verbo intransitivo, transitivo
vr	-	verbo reflexivo
vt	-	verbo transitivo

Abreviaturas do Letão

s	-	nome feminino
s dsk	-	feminino plural
v	-	nome masculino
v dsk	-	masculino plural
v, s	-	masculino, feminino

CONCEITOS BÁSICOS

Conceitos básicos. Parte 1

1. Pronomes

eu	es	[es]
você	tu	[tu]
ele	viņš	[viɲʃ]
ela	viņa	[viɲa]
ele, ela (neutro)	tas	[tas]
nós	mēs	[me:s]
vocês	jūs	[ju:s]
eles, elas	viņi	[viɲi]

2. Cumprimentos. Saudações. Despedidas

Oi!	Sveiki!	[svɛiki!]
Olá!	Esiet sveicināts!	[ɛsiɛt svɛitsina:ts!]
Bom dia!	Labrīt!	[labri:t!]
Boa tarde!	Labdien!	[labdiɛn!]
Boa noite!	Labvakar!	[labvakar!]
cumprimentar (vt)	sveicināt	[svɛitsina:t]
Oi!	Čau!	[tʃau!]
saudação (f)	sveiciens (v)	[svɛitsiɛns]
saudar (vt)	pasveicināt	[pasvɛitsina:t]
Tudo bem?	Kā iet?	[ka: iɛt?]
E aí, novidades?	Kas jauns?	[kas jauns?]
Tchau!	Uz redzēšanos!	[uz redze:ʃanɔs!]
Até logo!	Atā!	[ata:!]
Até breve!	Uz tikšanos!	[uz tikʃanɔs!]
Adeus!	Ardievu!	[ardiɛvu!]
despedir-se (dizer adeus)	atvadīties	[atvadi:tiɛs]
Até mais!	Nu tad pagaidām!	[nu tad pagaida:m!]
Obrigado! -a!	Paldies!	[paldiɛs!]
Muito obrigado! -a!	Liels paldies!	[liɛls paldiɛs!]
De nada	Lūdzu	[lu:dzu]
Não tem de quê	Nav par ko	[nav par kɔ]
Não foi nada!	Nav par ko	[nav par kɔ]
Desculpa!	Atvaino!	[atvainɔ!]
Desculpe!	Atvainojiet!	[atvainɔjiɛt!]

desculpar (vt)	piedot	[piɛdɔt]
desculpar-se (vr)	atvainoties	[atvainɔtiɛs]
Me desculpe	Es atvainojos	[es atvainɔjɔs]
Desculpe!	Piedodiet!	[piɛdɔdiɛt!]
perdoar (vt)	piedot	[piɛdɔt]
Não faz mal	Tas nekas	[tas nɛkas]
por favor	lūdzu	[lu:dzu]

Não se esqueça!	Neaizmirstiet!	[neaizmirstiɛt!]
Com certeza!	Protams!	[prɔtams!]
Claro que não!	Protams, ka nē!	[prɔtams, ka ne:!]
Está bem! De acordo!	Piekrītu!	[piɛkri:tu!]
Chega!	Pietiek!	[piɛtiɛk!]

3. Como se dirigir a alguém

senhor	Kungs	[kuŋgs]
senhora	Kundze	[kundze]
senhorita	Jaunkundze	[jaunkundze]
jovem	Jaunskungs	[jaunskuŋgs]
menino	puisēns	[puise:ns]
menina	meitene	[mɛitɛne]

4. Números cardinais. Parte 1

zero	nulle	[nulle]
um	viens	[viɛns]
dois	divi	[divi]
três	trīs	[tri:s]
quatro	četri	[tʃetri]

cinco	pieci	[piɛtsi]
seis	seši	[seʃi]
sete	septiņi	[septiɲi]
oito	astoņi	[astɔɲi]
nove	deviņi	[deviɲi]

dez	desmit	[desmit]
onze	vienpadsmit	[viɛnpadsmit]
doze	divpadsmit	[divpadsmit]
treze	trīspadsmit	[tri:spadsmit]
catorze	četrpadsmit	[tʃetrpadsmit]

quinze	piecpadsmit	[piɛtspadsmit]
dezesseis	sešpadsmit	[seʃpadsmit]
dezessete	septiņpadsmit	[septiɲpadsmit]
dezoito	astoņpadsmit	[astɔɲpadsmit]
dezenove	deviņpadsmit	[deviɲpadsmit]

vinte	divdesmit	[divdesmit]
vinte e um	divdesmit viens	[divdesmit viɛns]
vinte e dois	divdesmit divi	[divdesmit divi]

vinte e três	divdesmit trīs	[divdesmit tri:s]
trinta	trīsdesmit	[tri:sdesmit]
trinta e um	trīsdesmit viens	[tri:sdesmit viɛns]
trinta e dois	trīsdesmit divi	[tri:sdesmit divi]
trinta e três	trīsdesmit trīs	[tri:sdesmit tri:s]
quarenta	četrdesmit	[tʃetrdesmit]
quarenta e um	četrdesmit viens	[tʃetrdesmit viɛns]
quarenta e dois	četrdesmit divi	[tʃetrdesmit divi]
quarenta e três	četrdesmit trīs	[tʃetrdesmit tri:s]
cinquenta	piecdesmit	[piɛtsdesmit]
cinquenta e um	piecdesmit viens	[piɛtsdesmit viɛns]
cinquenta e dois	piecdesmit divi	[piɛtsdesmit divi]
cinquenta e três	piecdesmit trīs	[piɛtsdesmit tri:s]
sessenta	sešdesmit	[seʃdesmit]
sessenta e um	sešdesmit viens	[seʃdesmit viɛns]
sessenta e dois	sešdesmit divi	[seʃdesmit divi]
sessenta e três	sešdesmit trīs	[seʃdesmit tri:s]
setenta	septiņdesmit	[septiŋdesmit]
setenta e um	septiņdesmit viens	[septiŋdesmit viɛns]
setenta e dois	septiņdesmit divi	[septiŋdesmit divi]
setenta e três	septiņdesmit trīs	[septiŋdesmit tri:s]
oitenta	astoņdesmit	[astɔŋdesmit]
oitenta e um	astoņdesmit viens	[astɔŋdesmit viɛns]
oitenta e dois	astoņdesmit divi	[astɔŋdesmit divi]
oitenta e três	astoņdesmit trīs	[astɔŋdesmit tri:s]
noventa	deviņdesmit	[deviŋdesmit]
noventa e um	deviņdesmit viens	[deviŋdesmit viɛns]
noventa e dois	deviņdesmit divi	[deviŋdesmit divi]
noventa e três	deviņdesmit trīs	[deviŋdesmit tri:s]

5. Números cardinais. Parte 2

cem	simts	[simts]
duzentos	divsimt	[divsimt]
trezentos	trīssimt	[tri:simt]
quatrocentos	četrsimt	[tʃetrsimt]
quinhentos	piecsimt	[piɛtsimt]
seiscentos	sešsimt	[seʃsimt]
setecentos	septiņsimt	[septiŋsimt]
oitocentos	astoņsimt	[astɔŋsimt]
novecentos	deviņsimt	[deviŋsimt]
mil	tūkstotis	[tu:kstɔtis]
dois mil	divi tūkstoši	[divi tu:kstɔʃi]
três mil	trīs tūkstoši	[tri:s tu:kstɔʃi]
dez mil	desmit tūkstoši	[desmit tu:kstɔʃi]
cem mil	simt tūkstoši	[simt tu:kstɔʃi]

| um milhão | miljons (v) | [miljɔns] |
| um bilhão | miljards (v) | [miljards] |

6. Números ordinais

primeiro (adj)	pirmais	[pirmais]
segundo (adj)	otrais	[ɔtrais]
terceiro (adj)	trešais	[treʃais]
quarto (adj)	ceturtais	[tsɛturtais]
quinto (adj)	piektais	[piɛktais]

sexto (adj)	sestais	[sestais]
sétimo (adj)	septītais	[septi:tais]
oitavo (adj)	astotais	[astɔtais]
nono (adj)	devītais	[devi:tais]
décimo (adj)	desmitais	[desmitais]

7. Números. Frações

fração (f)	daļskaitlis (v)	[dalʲskaitlis]
um meio	puse	[puse]
um terço	viena trešdaļa	[viɛna treʃdalʲa]
um quarto	viena ceturtdaļa	[viɛna tsɛturtdalʲa]

um oitavo	viena astotā	[viɛna astɔta:]
um décimo	viena desmitā	[viɛna desmita:]
dois terços	divas trešdaļas	[divas treʃdalʲas]
três quartos	trīs ceturtdaļas	[tri:s tsɛturtdalʲas]

8. Números. Operações básicas

subtração (f)	atņemšana (s)	[atɲemʃana]
subtrair (vi, vt)	atņemt	[atɲemt]
divisão (f)	dalīšana (s)	[dali:ʃana]
dividir (vt)	dalīt	[dali:t]

adição (f)	saskaitīšana (s)	[saskaiti:ʃana]
somar (vt)	saskaitīt	[saskaiti:t]
adicionar (vt)	pieskaitīt	[piɛskaiti:t]
multiplicação (f)	reizināšana (s)	[rɛizina:ʃana]
multiplicar (vt)	reizināt	[rɛizina:t]

9. Números. Diversos

algarismo, dígito (m)	cipars (v)	[tsipars]
número (m)	skaitlis (v)	[skaitlis]
numeral (m)	numerālis (v)	[numɛra:lis]
menos (m)	mīnuss (v)	[mi:nus]

| mais (m) | pluss (v) | [plus] |
| fórmula (f) | formula (s) | [fɔrmula] |

cálculo (m)	aprēķināšana (s)	[apre:tʲina:ʃana]
contar (vt)	skaitīt	[skaiti:t]
calcular (vt)	sarēķināt	[sare:tʲina:t]
comparar (vt)	salīdzināt	[sali:dzina:t]

| Quanto? | Cik? | [tsik?] |
| Quantos? -as? | Cik daudz? | [tsik daudz?] |

soma (f)	summa (s)	[summa]
resultado (m)	rezultāts (v)	[rɛzulta:ts]
resto (m)	atlikums (v)	[atlikums]

alguns, algumas ...	daži	[daʒi]
pouco (~ tempo)	maz ...	[maz ...]
poucos, poucas	daži	[daʒi]
um pouco de ...	mazliet	[mazliet]
resto (m)	pārējais	[pa:re:jais]
um e meio	pusotra	[pusɔtra]
dúzia (f)	ducis (v)	[dutsis]

ao meio	uz pusēm	[uz puse:m]
em partes iguais	vienlīdzīgi	[viɛnli:dzi:gi]
metade (f)	puse (s)	[puse]
vez (f)	reize (s)	[rɛize]

10. Os verbos mais importantes. Parte 1

abrir (vt)	atvērt	[atve:rt]
acabar, terminar (vt)	beigt	[bɛigt]
aconselhar (vt)	dot padomu	[dɔt padɔmu]
adivinhar (vt)	uzminēt	[uzmine:t]
advertir (vt)	brīdināt	[bri:dina:t]

ajudar (vt)	palīdzēt	[pali:dze:t]
almoçar (vi)	pusdienot	[pusdiɛnɔt]
alugar (~ um apartamento)	īrēt	[i:re:t]
amar (pessoa)	mīlēt	[mi:le:t]
ameaçar (vt)	draudēt	[draude:t]

anotar (escrever)	pierakstīt	[piɛraksti:t]
apressar-se (vr)	steigties	[stɛigtiɛs]
arrepender-se (vr)	nožēlot	[nɔʒe:lɔt]
assinar (vt)	parakstīt	[paraksti:t]
brincar (vi)	jokot	[jɔkɔt]

brincar, jogar (vi, vt)	spēlēt	[spɛ:le:t]
buscar (vt)	meklēt ...	[mekle:t ...]
caçar (vi)	medīt	[medi:t]
cair (vi)	krist	[krist]
cavar (vt)	rakt	[rakt]
chamar (~ por socorro)	saukt	[saukt]

chegar (vi)	atbraukt	[atbraukt]
chorar (vi)	raudāt	[rauda:t]
começar (vt)	sākt	[sa:kt]
comparar (vt)	salīdzināt	[sali:dzina:t]
concordar (dizer "sim")	piekrist	[piɛkrist]

confiar (vt)	uzticēt	[uztitse:t]
confundir (equivocar-se)	sajaukt	[sajaukt]
conhecer (vt)	pazīt	[pazi:t]
contar (fazer contas)	sarēķināt	[sare:tʲina:t]
contar com ...	paļauties uz ...	[palʲauties uz ...]
continuar (vt)	turpināt	[turpina:t]

controlar (vt)	kontrolēt	[kɔntrɔle:t]
convidar (vt)	ielūgt	[iɛlu:gt]
correr (vi)	skriet	[skriɛt]
criar (vt)	izveidot	[izvɛidɔt]
custar (vt)	maksāt	[maksa:t]

11. Os verbos mais importantes. Parte 2

dar (vt)	dot	[dɔt]
dar uma dica	dot mājienu	[dɔt ma:jiɛnu]
decorar (enfeitar)	izrotāt	[izrɔta:t]
defender (vt)	aizstāvēt	[aizsta:ve:t]
deixar cair (vt)	nomest	[nɔmest]

descer (para baixo)	nokāpt	[nɔka:pt]
desculpar (vt)	piedot	[piɛdɔt]
desculpar-se (vr)	atvainoties	[atvainɔtiɛs]
dirigir (~ uma empresa)	vadīt	[vadi:t]
discutir (notícias, etc.)	apspriest	[apspriɛst]

disparar, atirar (vi)	šaut	[ʃaut]
dizer (vt)	teikt	[tɛikt]
duvidar (vt)	šaubīties	[ʃaubi:tiɛs]
encontrar (achar)	atrast	[atrast]
enganar (vt)	krāpt	[kra:pt]

entender (vt)	saprast	[saprast]
entrar (na sala, etc.)	ieiet	[iɛiɛt]
enviar (uma carta)	sūtīt	[su:ti:t]
errar (enganar-se)	kļūdīties	[klʲu:di:tiɛs]
escolher (vt)	izvēlēties	[izvɛ:le:tiɛs]

esconder (vt)	slēpt	[sle:pt]
escrever (vt)	rakstīt	[raksti:t]
esperar (aguardar)	gaidīt	[gaidi:t]
esperar (ter esperança)	cerēt	[tsɛre:t]
esquecer (vt)	aizmirst	[aizmirst]

estudar (vt)	pētīt	[pe:ti:t]
exigir (vt)	prasīt	[prasi:t]
existir (vi)	eksistēt	[eksiste:t]

explicar (vt)	paskaidrot	[paskaidrɔt]
falar (vi)	runāt	[runa:t]
faltar (a la escuela, etc.)	kavēt	[kave:t]
fazer (vt)	darīt	[dari:t]
ficar em silêncio	klusēt	[kluse:t]
gabar-se (vr)	lielīties	[liɛli:tiɛs]

gostar (apreciar)	patikt	[patikt]
gritar (vi)	kliegt	[kliɛgt]
guardar (fotos, etc.)	uzglabāt	[uzglaba:t]
informar (vt)	informēt	[infɔrme:t]
insistir (vi)	uzstāt	[uzsta:t]

insultar (vt)	aizvainot	[aizvainɔt]
interessar-se (vr)	interesēties	[intɛrɛse:tiɛs]
ir (a pé)	iet	[iɛt]
ir nadar	peldēties	[pelde:tiɛs]
jantar (vi)	vakariņot	[vakariɲɔt]

12. Os verbos mais importantes. Parte 3

ler (vt)	lasīt	[lasi:t]
libertar, liberar (vt)	atbrīvot	[atbri:vɔt]
matar (vt)	nogalināt	[nɔgalina:t]
mencionar (vt)	pieminēt	[piɛmine:t]
mostrar (vt)	parādīt	[para:di:t]

mudar (modificar)	mainīt	[maini:t]
nadar (vi)	peldēt	[pelde:t]
negar-se a ... (vr)	atteikties	[attɛiktiɛs]
objetar (vt)	iebilst	[iɛbilst]

observar (vt)	novērot	[nove:rɔt]
ordenar (mil.)	pavēlēt	[pavɛ:le:t]
ouvir (vt)	dzirdēt	[dzirde:t]
pagar (vt)	maksāt	[maksa:t]
parar (vi)	apstāties	[apsta:tiɛs]

parar, cessar (vt)	pārtraukt	[pa:rtraukt]
participar (vi)	piedalīties	[piɛdali:tiɛs]
pedir (comida, etc.)	pasūtīt	[pasu:ti:t]
pedir (um favor, etc.)	lūgt	[lu:gt]
pegar (tomar)	ņemt	[ɲemt]

pegar (uma bola)	ķert	[tʲert]
pensar (vi, vt)	domāt	[dɔma:t]
perceber (ver)	pamanīt	[pamani:t]
perdoar (vt)	piedot	[piɛdɔt]
perguntar (vt)	jautāt	[jauta:t]

permitir (vt)	atļaut	[atlʲaut]
pertencer a ... (vi)	piederēt	[piɛdɛre:t]
planejar (vt)	plānot	[pla:nɔt]
poder (~ fazer algo)	spēt	[spe:t]

possuir (uma casa, etc.)	pārvaldīt	[pa:rvaldi:t]
preferir (vt)	dot priekšroku	[dot priɛkʃroku]
preparar (vt)	gatavot	[gatavɔt]
prever (vt)	paredzēt	[paredze:t]
prometer (vt)	solīt	[sɔli:t]
pronunciar (vt)	izrunāt	[izruna:t]

propor (vt)	piedāvāt	[piɛda:va:t]
punir (castigar)	sodīt	[sɔdi:t]
quebrar (vt)	lauzt	[lauzt]
queixar-se de ...	sūdzēties	[su:dze:tiɛs]
querer (desejar)	gribēt	[gribe:t]

13. Os verbos mais importantes. Parte 4

ralhar, repreender (vt)	lamāt	[lama:t]
recomendar (vt)	ieteikt	[iɛtɛikt]
repetir (dizer outra vez)	atkārtot	[atka:rtɔt]
reservar (~ um quarto)	rezervēt	[rɛzerve:t]
responder (vt)	atbildēt	[atbilde:t]

rezar, orar (vi)	lūgties	[lu:gtiɛs]
rir (vi)	smieties	[smiɛtiɛs]
roubar (vt)	zagt	[zagt]
saber (vt)	zināt	[zina:t]
sair (~ de casa)	iziet	[iziɛt]

salvar (resgatar)	glābt	[gla:bt]
seguir (~ alguém)	sekot ...	[sekot ...]
sentar-se (vr)	sēsties	[se:stiɛs]
ser necessário	būt vajadzīgam	[bu:t vajadzi:gam]

ser, estar	būt	[bu:t]
significar (vt)	nozīmēt	[nɔzi:me:t]
sorrir (vi)	smaidīt	[smaidi:t]
subestimar (vt)	par zemu vērtēt	[par zɛmu ve:rte:t]
surpreender-se (vr)	brīnīties	[bri:ni:tiɛs]

tentar (~ fazer)	mēģināt	[me:dʲina:t]
ter (vt)	būt	[bu:t]
ter fome	gribēt ēst	[gribe:t e:st]

ter medo	baidīties	[baidi:tiɛs]
ter sede	gribēt dzert	[gribe:t dzert]
tocar (com as mãos)	pieskarties	[piɛskartiɛs]
tomar café da manhã	brokastot	[brɔkastɔt]
trabalhar (vi)	strādāt	[stra:da:t]
traduzir (vt)	tulkot	[tulkɔt]

unir (vt)	apvienot	[apviɛnɔt]
vender (vt)	pārdot	[pa:rdɔt]
ver (vt)	redzēt	[redze:t]
virar (~ para a direita)	pagriezties	[pagriɛztiɛs]
voar (vi)	lidot	[lidɔt]

14. Cores

cor (f)	krāsa (s)	[kra:sa]
tom (m)	nokrāsa (s)	[nɔkra:sa]
tonalidade (m)	tonis (v)	[tɔnis]
arco-íris (m)	varavīksne (s)	[varavi:ksne]
branco (adj)	balts	[balts]
preto (adj)	melns	[melns]
cinza (adj)	pelēks	[pɛle:ks]
verde (adj)	zaļš	[zalʲʃ]
amarelo (adj)	dzeltens	[dzeltens]
vermelho (adj)	sarkans	[sarkans]
azul (adj)	zils	[zils]
azul claro (adj)	gaiši zils	[gaiʃi zils]
rosa (adj)	rozā	[rɔza:]
laranja (adj)	oranžs	[ɔranʒs]
violeta (adj)	violets	[violets]
marrom (adj)	brūns	[bru:ns]
dourado (adj)	zelta	[zelta]
prateado (adj)	sudrabains	[sudrabains]
bege (adj)	bēšs	[be:ʃs]
creme (adj)	krēmkrāsas	[kre:mkra:sas]
turquesa (adj)	zilganzaļš	[zilganzalʲʃ]
vermelho cereja (adj)	ķiršu brīns	[tʲirʃu bri:ns]
lilás (adj)	liillā	[lilla:]
carmim (adj)	aveņkrāsas	[aveŋkra:sas]
claro (adj)	gaišs	[gaiʃs]
escuro (adj)	tumšs	[tumʃs]
vivo (adj)	spilgts	[spilgts]
de cor	krāsains	[kra:sains]
a cores	krāsains	[kra:sains]
preto e branco (adj)	melnbalts	[melnbalts]
unicolor (de uma só cor)	vienkrāsains	[viɛnkra:sains]
multicolor (adj)	daudzkrāsains	[daudzkra:sains]

15. Questões

Quem?	Kas?	[kas?]
O que?	Kas?	[kas?]
Onde?	Kur?	[kur?]
Para onde?	Uz kurieni?	[uz kuriɛni?]
De onde?	No kurienes?	[nɔ kuriɛnes?]
Quando?	Kad?	[kad?]
Para quê?	Kādēļ?	[ka:de:lʲ?]
Por quê?	Kāpēc?	[ka:pe:ts?]
Para quê?	Kam?	[kam?]

Como?	Kā?	[ka:?]
Qual (~ é o problema?)	Kāds?	[ka:ds?]
Qual (~ deles?)	Kurš?	[kurʃ?]

A quem?	Kam?	[kam?]
De quem?	Par kuru?	[par kuru?]
Do quê?	Par ko?	[par kɔ?]
Com quem?	Ar ko?	[ar kɔ?]

Quantos? -as?	Cik daudz?	[tsik daudz?]
Quanto?	Cik?	[tsik?]
De quem (~ é isto?)	Kura? Kuras? Kuru?	[kura?], [kuras?], [kuru?]

16. Preposições

com (prep.)	ar	[ar]
sem (prep.)	bez	[bez]
a, para (exprime lugar)	uz	[uz]
sobre (ex. falar ~)	par	[par]
antes de ...	pirms	[pirms]
em frente de ...	priekšā	[priɛkʃa:]

debaixo de ...	zem	[zem]
sobre (em cima de)	virs	[virs]
em ..., sobre ...	uz	[uz]
de, do (sou ~ Rio de Janeiro)	no	[nɔ]
de (feito ~ pedra)	no	[nɔ]

em (~ 3 dias)	pēc	[pe:ts]
por cima de ...	caur	[tsaur]

17. Palavras funcionais. Advérbios. Parte 1

Onde?	Kur?	[kur?]
aqui	šeit	[ʃɛit]
lá, ali	tur	[tur]

em algum lugar	kaut kur	[kaut kur]
em lugar nenhum	nekur	[nɛkur]

perto de ...	pie ...	[piɛ ...]
perto da janela	pie loga	[piɛ lɔga]

Para onde?	Uz kurieni?	[uz kuriɛni?]
aqui	šurp	[ʃurp]
para lá	turp	[turp]
daqui	no šejienes	[nɔ ʃejiɛnes]
de lá, dali	no turienes	[nɔ turiɛnes]

perto	tuvu	[tuvu]
longe	tālu	[ta:lu]
perto de ...	pie	[piɛ]

à mão, perto	blakus	[blakus]
não fica longe	netālu	[nɛta:lu]
esquerdo (adj)	kreisais	[krɛisais]
à esquerda	pa kreisi	[pa krɛisi]
para a esquerda	pa kreisi	[pa krɛisi]
direito (adj)	labais	[labais]
à direita	pa labi	[pa labi]
para a direita	pa labi	[pa labi]
em frente	priekšā	[priɛkʃa:]
da frente	priekšējs	[priɛkʃe:js]
adiante (para a frente)	uz priekšu	[uz priɛkʃu]
atrás de …	mugurpusē	[mugurpuse:]
de trás	no mugurpuses	[nɔ mugurpuses]
para trás	atpakaļ	[atpakalʲ]
meio (m), metade (f)	vidus (v)	[vidus]
no meio	vidū	[vidu:]
do lado	sānis	[sa:nis]
em todo lugar	visur	[visur]
por todos os lados	apkārt	[apka:rt]
de dentro	no iekšpuses	[nɔ iɛkʃpuses]
para algum lugar	kaut kur	[kaut kur]
diretamente	taisni	[taisni]
de volta	atpakaļ	[atpakalʲ]
de algum lugar	no kaut kurienes	[nɔ kaut kuriɛnes]
de algum lugar	nez no kurienes	[nez nɔ kuriɛnes]
em primeiro lugar	pirmkārt	[pirmka:rt]
em segundo lugar	otrkārt	[ɔtrka:rt]
em terceiro lugar	treškārt	[treʃka:rt]
de repente	pēkšņi	[pe:kʃɲi]
no início	sākumā	[sa:kuma:]
pela primeira vez	pirmo reizi	[pirmɔ rɛizi]
muito antes de …	ilgu laiku pirms …	[ilgu laiku pirms …]
de novo	no jauna	[nɔ jauna]
para sempre	uz visiem laikiem	[uz visiɛm laikiɛm]
nunca	nekad	[nɛkad]
de novo	atkal	[atkal]
agora	tagad	[tagad]
frequentemente	bieži	[biɛʒi]
então	tad	[tad]
urgentemente	steidzami	[stɛidzami]
normalmente	parasti	[parasti]
a propósito, …	starp citu …	[starp tsitu …]
é possível	iespējams	[iɛspe:jams]
provavelmente	ticams	[titsams]

talvez	varbūt	[varbu:t]
além disso, ...	turklāt, ...	[turkla:t, ...]
por isso ...	tādēļ ...	[ta:de:lʲ ...]
apesar de ...	neskatoties uz ...	[neskatɔties uz ...]
graças a ...	pateicoties ...	[patɛitsɔties ...]

que (pron.)	kas	[kas]
que (conj.)	kas	[kas]
algo	kaut kas	[kaut kas]
alguma coisa	kaut kas	[kaut kas]
nada	nekas	[nɛkas]

quem	kas	[kas]
alguém (~ que ...)	kāds	[ka:ds]
alguém (com ~)	kāds	[ka:ds]

ninguém	neviens	[neviɛns]
para lugar nenhum	nekur	[nɛkur]
de ninguém	neviena	[neviɛna]
de alguém	kāda	[ka:da]

tão	tā	[ta:]
também (gostaria ~ de ...)	tāpat	[ta:pat]
também (~ eu)	arī	[ari:]

18. Palavras funcionais. Advérbios. Parte 2

Por quê?	Kāpēc?	[ka:pe:ts?]
por alguma razão	nez kāpēc	[nez ka:pe:ts]
porque ...	tāpēc ka ...	[ta:pe:ts ka ...]
por qualquer razão	nez kādēļ	[nez ka:de:lʲ]

e (tu ~ eu)	un	[un]
ou (ser ~ não ser)	vai	[vai]
mas (porém)	bet	[bet]
para (~ a minha mãe)	priekš	[priɛkʃ]

muito, demais	pārāk	[pa:ra:k]
só, somente	tikai	[tikai]
exatamente	tieši	[tiɛʃi]
cerca de (~ 10 kg)	apmēram	[apmɛ:ram]

aproximadamente	aptuveni	[aptuveni]
aproximado (adj)	aptuvens	[aptuvens]
quase	gandrīz	[gandri:z]
resto (m)	pārējais	[pa:re:jais]

o outro (segundo)	cits	[tsits]
outro (adj)	cits	[tsits]
cada (adj)	katrs	[katrs]
qualquer (adj)	jebkuršs	[jebkurʃ]
muito, muitos, muitas	daudz	[daudz]
muitas pessoas	daudzi	[daudzi]
todos	visi	[visi]

em troca de ...	apmaiņā pret ...	[apmaiɲa: pret ...]
em troca	pretī	[preti:]
à mão	ar rokām	[ar rɔka:m]
pouco provável	diez vai	[diɛz vai]

provavelmente	laikam	[laikam]
de propósito	tīšām	[ti:ʃa:m]
por acidente	nejauši	[nejauʃi]

muito	ļoti	[lʲɔti]
por exemplo	piemēram	[piɛmɛ:ram]
entre	starp	[starp]
entre (no meio de)	vidū	[vidu:]
tanto	tik daudz	[tik daudz]
especialmente	īpaši	[i:paʃi]

Conceitos básicos. Parte 2

19. Dias da semana

segunda-feira (f)	pirmdiena (s)	[pirmdiɛna]
terça-feira (f)	otrdiena (s)	[ɔtrdiɛna]
quarta-feira (f)	trešdiena (s)	[treʃdiɛna]
quinta-feira (f)	ceturtdiena (s)	[tsɛturtdiɛna]
sexta-feira (f)	piektdiena (s)	[piɛktdiɛna]
sábado (m)	sestdiena (s)	[sestdiɛna]
domingo (m)	svētdiena (s)	[sve:tdiɛna]
hoje	šodien	[ʃɔdiɛn]
amanhã	rīt	[ri:t]
depois de amanhã	parīt	[pari:t]
ontem	vakar	[vakar]
anteontem	aizvakar	[aizvakar]
dia (m)	diena (s)	[diɛna]
dia (m) de trabalho	darba diena (s)	[darba diɛna]
feriado (m)	svētku diena (s)	[sve:tku diɛna]
dia (m) de folga	brīvdiena (s)	[bri:vdiɛna]
fim (m) de semana	brīvdienas (s dsk)	[bri:vdiɛnas]
o dia todo	visa diena	[visa diɛna]
no dia seguinte	nākamajā dienā	[na:kamaja: diɛna:]
há dois dias	pirms divām dienām	[pirms diva:m diɛna:m]
na véspera	dienu iepriekš	[diɛnu iɛpriɛkʃ]
diário (adj)	ikdienas	[igdiɛnas]
todos os dias	katru dienu	[katru diɛnu]
semana (f)	nedēļa (s)	[nɛdɛ:lʲa]
na semana passada	pagājušajā nedēļā	[paga:juʃaja: nɛdɛ:lʲa:]
semana que vem	nākamajā nedēļā	[na:kamaja: nɛdɛ:lʲa:]
semanal (adj)	iknedēļas	[iknɛdɛ:lʲas]
toda semana	katru nedēļu	[katru nɛdɛ:lʲu]
duas vezes por semana	divas reizes nedēļā	[divas rɛizes nɛdɛ:lʲa:]
toda terça-feira	katru otrdienu	[katru ɔtrdiɛnu]

20. Horas. Dia e noite

manhã (f)	rīts (v)	[ri:ts]
de manhã	no rīta	[nɔ ri:ta]
meio-dia (m)	pusdiena (s)	[pusdiɛna]
à tarde	pēcpusdienā	[pe:tspusdiɛna:]
tardinha (f)	vakars (v)	[vakars]
à tardinha	vakarā	[vakara:]

noite (f)	nakts (s)	[nakts]
à noite	naktī	[nakti:]
meia-noite (f)	pusnakts (s)	[pusnakts]

segundo (m)	sekunde (s)	[sɛkunde]
minuto (m)	minūte (s)	[minu:te]
hora (f)	stunda (s)	[stunda]
meia hora (f)	pusstunda	[pustunda]
quarto (m) de hora	stundas ceturksnis (v)	[stundas tsɛturksnis]
quinze minutos	piecpadsmit minūtes	[piɛtspadsmit minu:tes]
vinte e quatro horas	diennakts (s)	[diɛnnakts]

nascer (m) do sol	saullēkts (v)	[saulle:kts]
amanhecer (m)	rītausma (s)	[ri:tausma]
madrugada (f)	agrs rīts (v)	[agrs ri:ts]
pôr-do-sol (m)	saulriets (v)	[saulriɛts]

de madrugada	agri no rīta	[agri nɔ ri:ta]
esta manhã	šorīt	[ʃori:t]
amanhã de manhã	rīt no rīta	[ri:t nɔ ri:ta]

esta tarde	šodien	[ʃodiɛn]
à tarde	pēcpusdienā	[pe:tspusdiɛna:]
amanhã à tarde	rīt pēcpusdienā	[ri:t pe:tspusdiɛna:]

esta noite, hoje à noite	šovakar	[ʃovakar]
amanhã à noite	rītvakar	[ri:tvakar]

às três horas em ponto	tieši trijos	[tiɛʃi trijɔs]
por volta das quatro	ap četriem	[ap tʃetriɛm]
às doze	ap divpadsmitiem	[ap divpadsmitiɛm]

em vinte minutos	pēc divdesmit minūtēm	[pe:ts divdesmit minu:te:m]
em uma hora	pēc stundas	[pe:ts stundas]
a tempo	laikā	[laika:]

... um quarto para	bez ceturkšņa ...	[bez tsɛturkʃɲa ...]
dentro de uma hora	stundas laikā	[stundas laika:]
a cada quinze minutos	katras piecpadsmit minūtes	[katras piɛtspadsmit minu:tes]
as vinte e quatro horas	caurām dienām	[tsaura:m diɛna:m]

21. Meses. Estações

janeiro (m)	janvāris (v)	[janva:ris]
fevereiro (m)	februāris (v)	[februa:ris]
março (m)	marts (v)	[marts]
abril (m)	aprīlis (v)	[apri:lis]
maio (m)	maijs (v)	[maijs]
junho (m)	jūnijs (v)	[ju:nijs]

julho (m)	jūlijs (v)	[ju:lijs]
agosto (m)	augusts (v)	[augusts]

setembro (m)	septembris (v)	[septembris]
outubro (m)	oktobris (v)	[ɔktɔbris]
novembro (m)	novembris (v)	[nɔvembris]
dezembro (m)	decembris (v)	[detsembris]
primavera (f)	pavasaris (v)	[pavasaris]
na primavera	pavasarī	[pavasari:]
primaveril (adj)	pavasara	[pavasara]
verão (m)	vasara (s)	[vasara]
no verão	vasarā	[vasara:]
de verão	vasaras	[vasaras]
outono (m)	rudens (v)	[rudens]
no outono	rudenī	[rudeni:]
outonal (adj)	rudens	[rudens]
inverno (m)	ziema (s)	[ziɛma]
no inverno	ziemā	[ziɛma:]
de inverno	ziemas	[ziɛmas]
mês (m)	mēnesis (v)	[mɛ:nesis]
este mês	šomēnes	[ʃɔmɛ:nes]
mês que vem	nākamajā mēnesī	[na:kamaja: mɛ:nesi:]
no mês passado	pagājušajā mēnesī	[paga:juʃaja: mɛ:nesi:]
um mês atrás	pirms mēneša	[pirms mɛ:neʃa]
em um mês	pēc mēneša	[pe:ts mɛ:neʃa]
em dois meses	pēc diviem mēnešiem	[pe:ts diviɛm mɛ:neʃiɛm]
todo o mês	visu mēnesi	[visu mɛ:nesi]
um mês inteiro	veselu mēnesi	[vesɛlu mɛ:nesi]
mensal (adj)	ikmēneša	[ikmɛ:neʃa]
mensalmente	ik mēnesi	[ik mɛ:nesi]
todo mês	katru mēnesi	[katru mɛ:nesi]
duas vezes por mês	divas reizes mēnesī	[divas rɛizes mɛ:nesi:]
ano (m)	gads (v)	[gads]
este ano	šogad	[ʃɔgad]
ano que vem	nākamajā gadā	[na:kamaja: gada:]
no ano passado	pagājušajā gadā	[paga:juʃaja: gada:]
há um ano	pirms gada	[pirms gada]
em um ano	pēc gada	[pe:ts gada]
dentro de dois anos	pēc diviem gadiem	[pe:ts diviɛm gadiɛm]
todo o ano	visu gadu	[visu gadu]
um ano inteiro	veselu gadu	[vesɛlu gadu]
cada ano	katru gadu	[katru gadu]
anual (adj)	ikgadējs	[ikgade:js]
anualmente	ik gadu	[ik gadu]
quatro vezes por ano	četras reizes gadā	[tʃetras rɛizes gada:]
data (~ de hoje)	datums (v)	[datums]
data (ex. ~ de nascimento)	datums (v)	[datums]
calendário (m)	kalendārs (v)	[kalenda:rs]

meio ano	pusgads	[pusgads]
seis meses	pusgads (v)	[pusgads]
estação (f)	gadalaiks (v)	[gadalaiks]
século (m)	gadsimts (v)	[gadsimts]

22. Unidades de medida

peso (m)	svars (v)	[svars]
comprimento (m)	garums (v)	[garums]
largura (f)	platums (v)	[platums]
altura (f)	augstums (v)	[augstums]
profundidade (f)	dziļums (v)	[dziļums]
volume (m)	apjoms (v)	[apjoms]
área (f)	laukums (v)	[laukums]

grama (m)	grams (v)	[grams]
miligrama (m)	miligrams (v)	[miligrams]
quilograma (m)	kilograms (v)	[kilograms]
tonelada (s)	tonna (s)	[tonna]
libra (453,6 gramas)	mārciņa (s)	[ma:rtsiɲa]
onça (f)	unce (s)	[untse]

metro (m)	metrs (v)	[metrs]
milímetro (m)	milimetrs (v)	[milimetrs]
centímetro (m)	centimetrs (v)	[tsentimetrs]
quilômetro (m)	kilometrs (v)	[kilometrs]
milha (f)	jūdze (s)	[ju:dze]

polegada (f)	colla (s)	[tsolla]
pé (304,74 mm)	pēda (s)	[pɛ:da]
jarda (914,383 mm)	jards (v)	[jards]
metro (m) quadrado	kvadrātmetrs (v)	[kvadra:tmetrs]
hectare (m)	hektārs (v)	[xekta:rs]

litro (m)	litrs (v)	[litrs]
grau (m)	grāds (v)	[gra:ds]
volt (m)	volts (v)	[volts]
ampère (m)	ampērs (v)	[ampɛ:rs]
cavalo (m) de potência	zirgspēks (v)	[zirgspe:ks]

quantidade (f)	daudzums (v)	[daudzums]
um pouco de ...	nedaudz ...	[nɛdaudz ...]
metade (f)	puse (s)	[puse]
dúzia (f)	ducis (v)	[dutsis]
peça (f)	gabals (v)	[gabals]

| tamanho (m), dimensão (f) | izmērs (v) | [izmɛ:rs] |
| escala (f) | mērogs (v) | [me:rogs] |

mínimo (adj)	minimāls	[minima:ls]
menor, mais pequeno	vismazākais	[vismaza:kais]
médio (adj)	vidējs	[vide:js]
máximo (adj)	maksimāls	[maksima:ls]
maior, mais grande	vislielākais	[vislielːa:kais]

23. Recipientes

pote (m) de vidro	burka (s)	[burka]
lata (~ de cerveja)	bundža (s)	[bundʒa]
balde (m)	spainis (v)	[spainis]
barril (m)	muca (s)	[mutsa]
bacia (~ de plástico)	bļoda (s)	[blʲɔda]
tanque (m)	tvertne (s)	[tvertne]
cantil (m) de bolso	blašķe (s)	[blaʃtʲe]
galão (m) de gasolina	kanna (s)	[kanna]
cisterna (f)	cisterna (s)	[tsisterna]
caneca (f)	krūze (s)	[kru:ze]
xícara (f)	tase (s)	[tase]
pires (m)	apakštase (s)	[apakʃtase]
copo (m)	glāze (s)	[gla:ze]
taça (f) de vinho	pokāls (v)	[pɔka:ls]
panela (f)	kastrolis (v)	[kastrɔlis]
garrafa (f)	pudele (s)	[pudɛle]
gargalo (m)	kakliņš (v)	[kakliɲʃ]
jarra (f)	karafe (s)	[karafe]
jarro (m)	krūka (s)	[kru:ka]
recipiente (m)	trauks (v)	[trauks]
pote (m)	pods (v)	[pɔds]
vaso (m)	vāze (s)	[va:ze]
frasco (~ de perfume)	flakons (v)	[flakɔns]
frasquinho (m)	pudelīte (s)	[pudeli:te]
tubo (m)	tūbiņa (s)	[tu:biɲa]
saco (ex. ~ de açúcar)	maiss (v)	[mais]
sacola (~ plastica)	maisiņš (v)	[maisiɲʃ]
maço (de cigarros, etc.)	paciņa (s)	[patsiɲa]
caixa (~ de sapatos, etc.)	kārba (s)	[ka:rba]
caixote (~ de madeira)	kastīte (s)	[kasti:te]
cesto (m)	grozs (v)	[grɔzs]

O SER HUMANO

O ser humano. O corpo

24. Cabeça

cabeça (f)	galva (s)	[galva]
rosto, cara (f)	seja (s)	[seja]
nariz (m)	deguns (v)	[dɛguns]
boca (f)	mute (s)	[mute]
olho (m)	acs (s)	[ats]
olhos (m pl)	acis (s dsk)	[atsis]
pupila (f)	acs zīlīte (s)	[ats ziːliːte]
sobrancelha (f)	uzacs (s)	[uzats]
cílio (f)	skropsta (s)	[skrɔpsta]
pálpebra (f)	plakstiņš (v)	[plakstiɲʃ]
língua (f)	mēle (s)	[mɛːle]
dente (m)	zobs (v)	[zɔbs]
lábios (m pl)	lūpas (s dsk)	[luːpas]
maçãs (f pl) do rosto	vaigu kauli (v dsk)	[vaigu kauli]
gengiva (f)	smaganas (s dsk)	[smaganas]
palato (m)	aukslējas (s dsk)	[auksleːjas]
narinas (f pl)	nāsis (s dsk)	[naːsis]
queixo (m)	zods (v)	[zɔds]
mandíbula (f)	žoklis (v)	[ʒɔklis]
bochecha (f)	vaigs (v)	[vaigs]
testa (f)	piere (s)	[piɛre]
têmpora (f)	deniņi (v dsk)	[deniɲi]
orelha (f)	auss (s)	[aus]
costas (f pl) da cabeça	pakausis (v)	[pakausis]
pescoço (m)	kakls (v)	[kakls]
garganta (f)	rīkle (s)	[riːkle]
cabelo (m)	mati (v dsk)	[mati]
penteado (m)	frizūra (s)	[frizuːra]
corte (m) de cabelo	matu griezums (v)	[matu griɛzums]
peruca (f)	parūka (s)	[paruːka]
bigode (m)	ūsas (s dsk)	[uːsas]
barba (f)	bārda (s)	[baːrda]
ter (~ barba, etc.)	ir	[ir]
trança (f)	bize (s)	[bize]
suíças (f pl)	vaigubārda (s)	[vaigubaːrda]
ruivo (adj)	ruds	[ruds]
grisalho (adj)	sirms	[sirms]

| careca (adj) | plikgalvains | [plikgalvains] |
| calva (f) | plika galva (s) | [plika galva] |

| rabo-de-cavalo (m) | zirgaste (s) | [zirgaste] |
| franja (f) | mati uz pieres (v) | [mati uz piɛres] |

25. Corpo humano

| mão (f) | delna (s) | [delna] |
| braço (m) | roka (s) | [rɔka] |

dedo (m)	pirksts (v)	[pirksts]
dedo (m) do pé	kājas īkšķis (v)	[ka:jas i:kʃtʲis]
polegar (m)	īkšķis (v)	[i:kʃtʲis]
dedo (m) mindinho	mazais pirkstiņš (v)	[mazais pirkstiɲʃ]
unha (f)	nags (v)	[nags]

| punho (m) | dūre (s) | [du:re] |
| palma (f) | plauksta (s) | [plauksta] |
| pulso (m) | pl"""

Vestuário & Acessórios

26. Roupa exterior. Casacos

roupa (f)	apģērbs (v)	[apdʲeːrbs]
roupa (f) exterior	virsdrēbes (s dsk)	[virsdrɛːbes]
roupa (f) de inverno	ziemas drēbes (s dsk)	[ziɛmas drɛːbes]
sobretudo (m)	mētelis (v)	[mɛːtelis]
casaco (m) de pele	kažoks (v)	[kaʒɔks]
jaqueta (f) de pele	puskažoks (v)	[puskaʒɔks]
casaco (m) acolchoado	dūnu mētelis (v)	[duːnu mɛːtelis]
casaco (m), jaqueta (f)	jaka (s)	[jaka]
impermeável (m)	apmetnis (v)	[apmetnis]
a prova d'água	ūdensnecaurlaidīgs	[uːdensnetsaurlaidiːgs]

27. Vestuário de homem & mulher

camisa (f)	krekls (v)	[krekls]
calça (f)	bikses (s dsk)	[bikses]
jeans (m)	džinsi (v dsk)	[dʒinsi]
paletó, terno (m)	žakete (s)	[ʒakɛte]
terno (m)	uzvalks (v)	[uzvalks]
vestido (ex. ~ de noiva)	kleita (s)	[klɛita]
saia (f)	svārki (v dsk)	[svaːrki]
blusa (f)	blūze (s)	[bluːze]
casaco (m) de malha	vilnaina jaka (s)	[vilnaina jaka]
casaco, blazer (m)	žakete (s)	[ʒakɛte]
camiseta (f)	sporta krekls (v)	[spɔrta krekls]
short (m)	šorti (v dsk)	[ʃɔrti]
training (m)	sporta tērps (v)	[spɔrta teːrps]
roupão (m) de banho	halāts (v)	[xalaːts]
pijama (m)	pidžama (s)	[pidʒama]
suéter (m)	svīteris (v)	[sviːteris]
pulôver (m)	pulovers (v)	[pulovɛrs]
colete (m)	veste (s)	[veste]
fraque (m)	fraka (s)	[fraka]
smoking (m)	smokings (v)	[smɔkiŋgs]
uniforme (m)	uniforma (s)	[unifɔrma]
roupa (f) de trabalho	darba apģērbs (v)	[darba apdʲeːrbs]
macacão (m)	kombinezons (v)	[kɔmbinezɔns]
jaleco (m), bata (f)	halāts (v)	[xalaːts]

28. Vestuário. Roupa interior

roupa (f) íntima	veļa (s)	[vɛlʲa]
cueca boxer (f)	bokseršorti (v dsk)	[bɔkserʃorti]
calcinha (f)	biksītes (s dsk)	[biksi:tes]
camiseta (f)	apakškrekls (v)	[apakʃkrekls]
meias (f pl)	zeķes (s dsk)	[zɛtʲes]
camisola (f)	naktskrekls (v)	[naktskrekls]
sutiã (m)	krūšturis (v)	[kru:ʃturis]
meias longas (f pl)	pusgarās zeķes (s dsk)	[pusgara:s zɛtʲes]
meias-calças (f pl)	zeķubikses (s dsk)	[zɛtʲubikses]
meias (~ de nylon)	sieviešu zeķes (s dsk)	[siɛviɛʃu zɛtʲes]
maiô (m)	peldkostīms (v)	[peldkɔsti:ms]

29. Adereços de cabeça

chapéu (m), touca (f)	cepure (s)	[tsɛpure]
chapéu (m) de feltro	platmale (s)	[platmale]
boné (m) de beisebol	beisbola cepure (s)	[bɛisbɔla tsɛpure]
boina (~ italiana)	žokejcepure (s)	[ʒɔkejtsɛpure]
boina (ex. ~ basca)	berete (s)	[bɛrɛte]
capuz (m)	kapuce (s)	[kaputse]
chapéu panamá (m)	panama (s)	[panama]
touca (f)	adīta cepurīte (s)	[adi:ta tsɛpuri:te]
lenço (m)	lakats (v)	[lakats]
chapéu (m) feminino	cepurīte (s)	[tsɛpuri:te]
capacete (m) de proteção	ķivere (s)	[tʲivɛre]
bibico (m)	laiviņa (s)	[laiviɲa]
capacete (m)	bruņu cepure (s)	[bruɲu tsɛpure]
chapéu-coco (m)	katliņš (v)	[katliɲʃ]
cartola (f)	cilindrs (v)	[tsilindrs]

30. Calçado

calçado (m)	apavi (v dsk)	[apavi]
botinas (f pl), sapatos (m pl)	puszābaki (v dsk)	[pusza:baki]
sapatos (de salto alto, etc.)	kurpes (s dsk)	[kurpes]
botas (f pl)	zābaki (v dsk)	[za:baki]
pantufas (f pl)	čības (s dsk)	[tʃi:bas]
tênis (~ Nike, etc.)	sporta kurpes (s dsk)	[spɔrta kurpes]
tênis (~ Converse)	kedas (s dsk)	[kɛdas]
sandálias (f pl)	sandales (s dsk)	[sandales]
sapateiro (m)	kurpnieks (v)	[kurpniɛks]
salto (m)	papēdis (v)	[pape:dis]

par (m)	pāris (v)	[pa:ris]
cadarço (m)	aukla (s)	[aukla]
amarrar os cadarços	saitēt	[saite:t]
calçadeira (f)	kurpju velkamais (v)	[kurpju velkamais]
graxa (f) para calçado	apavu krēms (v)	[apavu kre:ms]

31. Acessórios pessoais

luva (f)	cimdi (v dsk)	[tsimdi]
mitenes (f pl)	dūraiņi (v dsk)	[du:raiɲi]
cachecol (m)	šalle (s)	[ʃalle]

óculos (m pl)	brilles (s dsk)	[brilles]
armação (f)	ietvars (v)	[iɛtvars]
guarda-chuva (m)	lietussargs (v)	[lictusargs]
bengala (f)	spieķis (v)	[spiɛtʲis]
escova (f) para o cabelo	matu suka (s)	[matu suka]
leque (m)	vēdeklis (v)	[vɛ:deklis]

gravata (f)	kaklasaite (s)	[kaklasaite]
gravata-borboleta (f)	tauriņš (v)	[tauriɲʃ]
suspensórios (m pl)	bikšturi (v dsk)	[bikʃturi]
lenço (m)	kabatlakatiņš (v)	[kabatlakatiɲʃ]

pente (m)	ķemme (s)	[tʲemme]
fivela (f) para cabelo	matu sprādze (s)	[matu spra:dze]
grampo (m)	matadata (s)	[matadata]
fivela (f)	sprādze (s)	[spra:dze]

cinto (m)	josta (s)	[jɔsta]
alça (f) de ombro	siksna (s)	[siksna]

bolsa (f)	soma (s)	[sɔma]
bolsa (feminina)	somiņa (s)	[sɔmiɲa]
mochila (f)	mugursoma (s)	[mugursɔma]

32. Vestuário. Diversos

moda (f)	mode (s)	[mɔde]
na moda (adj)	moderns	[mɔderns]
estilista (m)	modelētājs (v)	[mɔdɛlɛ:ta:js]

colarinho (m)	apkakle (s)	[apkakle]
bolso (m)	kabata (s)	[kabata]
de bolso	kabatas	[kabatas]
manga (f)	piedurkne (s)	[piɛdurkne]
ganchinho (m)	pakaramais (v)	[pakaramais]
bragueta (f)	bikšu priekša	[bikʃu priɛkʃa]

zíper (m)	rāvējslēdzējs (v)	[ra:ve:jsle:dze:js]
colchete (m)	aizdare (s)	[aizdare]
botão (m)	poga (s)	[pɔga]

| botoeira (casa de botão) | pogcaurums (v) | [pɔgtsaurums] |
| soltar-se (vr) | atrauties | [atrautiɛs] |

costurar (vi)	šūt	[ʃuːt]
bordar (vt)	izšūt	[izʃuːt]
bordado (m)	izšūšana (s)	[izʃuːʃana]
agulha (f)	adata (s)	[adata]
fio, linha (f)	diegs (v)	[diɛgs]
costura (f)	šuve (s)	[ʃuve]

sujar-se (vr)	notraipīties	[nɔtraipiːtiɛs]
mancha (f)	traips (v)	[traips]
amarrotar-se (vr)	saburzīties	[saburziːtiɛs]
rasgar (vt)	saplēst	[sapleːst]
traça (f)	kode (s)	[kɔde]

33. Cuidados pessoais. Cosméticos

pasta (f) de dente	zobu pasta (s)	[zɔbu pasta]
escova (f) de dente	zobu suka (s)	[zɔbu suka]
escovar os dentes	tīrīt zobus	[tiːriːt zɔbus]

gilete (f)	skuveklis (v)	[skuveklis]
creme (m) de barbear	skūšanas krēms (v)	[skuːʃanas kreːms]
barbear-se (vr)	skūties	[skuːtiɛs]

| sabonete (m) | ziepes (s dsk) | [ziɛpes] |
| xampu (m) | šampūns (v) | [ʃampuːns] |

tesoura (f)	šķēres (s dsk)	[ʃtʲɛːres]
lixa (f) de unhas	nagu vīlīte (s)	[nagu viːliːte]
corta-unhas (m)	knaiblītes (s dsk)	[knaibliːtes]
pinça (f)	pincete (s)	[pintsɛte]

cosméticos (m pl)	kosmētika (s)	[kɔsmeːtika]
máscara (f)	maska (s)	[maska]
manicure (f)	manikīrs (v)	[manikiːrs]
fazer as unhas	taisīt manikīru	[taisiːt manikiːru]
pedicure (f)	pedikīrs (v)	[pediki:rs]

bolsa (f) de maquiagem	kosmētikas somiņa (s)	[kɔsmeːtikas sɔmiɲa]
pó (de arroz)	pūderis (v)	[puːderis]
pó (m) compacto	pūdernīca (s)	[puːderniːtsa]
blush (m)	vaigu sārtums (v)	[vaigu saːrtums]

perfume (m)	smaržas (s dsk)	[smarʒas]
água-de-colônia (f)	tualetes ūdens (v)	[tualɛtes uːdens]
loção (f)	losjons (v)	[lɔsjɔns]
colônia (f)	odekolons (v)	[ɔdekɔlɔns]

sombra (f) de olhos	acu ēnas (s dsk)	[atsu ɛːnas]
delineador (m)	acu zīmulis (v)	[atsu ziːmulis]
máscara (f), rímel (m)	skropstu tuša (s)	[skrɔpstu tuʃa]
batom (m)	lūpu krāsa (s)	[luːpu kraːsa]

esmalte (m)	nagu laka (s)	[nagu laka]
laquê (m), spray fixador (m)	matu laka (s)	[matu laka]
desodorante (m)	dezodorants (v)	[dezɔdɔrants]

creme (m)	krēms (v)	[kre:ms]
creme (m) de rosto	sejas krēms (v)	[sejas kre:ms]
creme (m) de mãos	rokas krēms (v)	[rɔkas kre:ms]
creme (m) antirrugas	pretgrumbu krēms (v)	[pretgrumbu kre:ms]
creme (m) de dia	dienas krēms (v)	[diɛnas kre:ms]
creme (m) de noite	nakts krēms (v)	[nakts kre:ms]
de dia	dienas	[diɛnas]
da noite	nakts	[nakts]

absorvente (m) interno	tampons (v)	[tampɔns]
papel (m) higiênico	tualetes papīrs (v)	[tualɛtes papi:rs]
secador (m) de cabelo	fēns (v)	[fe:ns]

34. Relógios de pulso. Relógios

relógio (m) de pulso	rokas pulkstenis (v)	[rɔkas pulkstenis]
mostrador (m)	ciparnīca (s)	[tsiparni:tsa]
ponteiro (m)	bultiņa (s)	[bultiɳa]
bracelete (em aço)	metāla siksniņa (s)	[mɛta:la siksniɳa]
bracelete (em couro)	siksniņa (s)	[siksniɳa]

pilha (f)	baterija (s)	[baterija]
acabar (vi)	izlādēties	[izla:de:tiɛs]
trocar a pilha	nomainīt bateriju	[nɔmaini:t bateriju]
estar adiantado	steigties	[stɛigtiɛs]
estar atrasado	atpalikt	[atpalikt]

relógio (m) de parede	sienas pulkstenis (v)	[siɛnas pulkstenis]
ampulheta (f)	smilšu pulkstenis (v)	[smilʃu pulkstenis]
relógio (m) de sol	saules pulkstenis (v)	[saules pulkstenis]
despertador (m)	modinātājs (v)	[mɔdina:ta:js]
relojoeiro (m)	pulksteņmeistars (v)	[pulksteɳmɛistars]
reparar (vt)	remontēt	[remɔnte:t]

Alimentação. Nutrição

35. Comida

carne (f)	gaļa (s)	[gaļa]
galinha (f)	vista (s)	[vista]
frango (m)	cālis (v)	[tsa:lis]
pato (m)	pīle (s)	[pi:le]
ganso (m)	zoss (s)	[zɔs]
caça (f)	medījums (v)	[medi:jums]
peru (m)	tītars (v)	[ti:tars]
carne (f) de porco	cūkgaļa (s)	[tsu:kgaļa]
carne (f) de vitela	teļa gaļa (s)	[tɛļa gaļa]
carne (f) de carneiro	jēra gaļa (s)	[je:ra gaļa]
carne (f) de vaca	liellopu gaļa (s)	[liɛllɔpu gaļa]
carne (f) de coelho	trusis (v)	[trusis]
linguiça (f), salsichão (m)	desa (s)	[dɛsa]
salsicha (f)	cīsiņš (v)	[tsi:siɲʃ]
bacon (m)	bekons (v)	[bekɔns]
presunto (m)	šķiņķis (v)	[ʃt'iɲt'is]
pernil (m) de porco	šķiņķis (v)	[ʃt'iɲt'is]
patê (m)	pastēte (s)	[pastɛ:te]
fígado (m)	aknas (s dsk)	[aknas]
guisado (m)	malta gaļa (s)	[malta gaļa]
língua (f)	mēle (s)	[mɛ:le]
ovo (m)	ola (s)	[ɔla]
ovos (m pl)	olas (s dsk)	[ɔlas]
clara (f) de ovo	baltums (v)	[baltums]
gema (f) de ovo	dzeltenums (v)	[dzeltenums]
peixe (m)	zivs (s)	[zivs]
mariscos (m pl)	jūras produkti (v dsk)	[ju:ras prɔdukti]
crustáceos (m pl)	vēžveidīgie (v dsk)	[ve:ʒvɛidi:giɛ]
caviar (m)	ikri (v dsk)	[ikri]
caranguejo (m)	krabis (v)	[krabis]
camarão (m)	garnele (s)	[garnɛle]
ostra (f)	austere (s)	[austɛre]
lagosta (f)	langusts (v)	[laŋgusts]
polvo (m)	astoņkājis (v)	[astɔŋka:jis]
lula (f)	kalmārs (v)	[kalma:rs]
esturjão (m)	store (s)	[stɔre]
salmão (m)	lasis (v)	[lasis]
halibute (m)	āte (s)	[a:te]
bacalhau (m)	menca (s)	[mentsa]

cavala, sarda (f)	skumbrija (s)	[skumbrija]
atum (m)	tuncis (v)	[tuntsis]
enguia (f)	zutis (v)	[zutis]
truta (f)	forele (s)	[fɔrɛle]
sardinha (f)	sardīne (s)	[sardi:ne]
lúcio (m)	līdaka (s)	[li:daka]
arenque (m)	siļķe (s)	[silʲtʲe]
pão (m)	maize (s)	[maize]
queijo (m)	siers (v)	[siɛrs]
açúcar (m)	cukurs (v)	[tsukurs]
sal (m)	sāls (v)	[sa:ls]
arroz (m)	rīsi (v dsk)	[ri:si]
massas (f pl)	makaroni (v dsk)	[makarɔni]
talharim, miojo (m)	nūdeles (s dsk)	[nu:dɛles]
manteiga (f)	sviests (v)	[sviɛsts]
óleo (m) vegetal	augu eļļa (s)	[augu elʲlʲa]
óleo (m) de girassol	saulespuķu eļļa (s)	[saulesputʲu elʲlʲa]
margarina (f)	margarīns (v)	[margari:ns]
azeitonas (f pl)	olīvas (s dsk)	[ɔli:vas]
azeite (m)	olīveļļa (s)	[ɔli:vellʲa]
leite (m)	piens (v)	[piɛns]
leite (m) condensado	kondensētais piens (v)	[kɔndensɛ:tais piɛns]
iogurte (m)	jogurts (v)	[jɔgurts]
creme (m) azedo	krējums (v)	[kre:jums]
creme (m) de leite	salds krējums (v)	[salds kre:jums]
maionese (f)	majonēze (s)	[majɔnɛ:ze]
creme (m)	krēms (v)	[kre:ms]
grãos (m pl) de cereais	putraimi (v dsk)	[putraimi]
farinha (f)	milti (v dsk)	[milti]
enlatados (m pl)	konservi (v dsk)	[kɔnservi]
flocos (m pl) de milho	kukurūzas pārslas (s dsk)	[kukuru:zas pa:rslas]
mel (m)	medus (v)	[mɛdus]
geleia (m)	džems, ievārījums (v)	[dʒems], [iɛva:ri:jums]
chiclete (m)	košļājamā gumija (s)	[kɔʃlʲa:jama: gumija]

36. Bebidas

água (f)	ūdens (v)	[u:dens]
água (f) potável	dzeramais ūdens (v)	[dzɛramais u:dens]
água (f) mineral	minerālūdens (v)	[minɛra:lu:dens]
sem gás (adj)	negāzēts	[nɛga:ze:ts]
gaseificada (adj)	gāzēts	[ga:ze:ts]
com gás	dzirkstošs	[dzirkstɔʃs]
gelo (m)	ledus (v)	[lɛdus]

com gelo	ar ledu	[ar lɛdu]
não alcoólico (adj)	bezalkoholisks	[bɛzalkɔxɔlisks]
refrigerante (m)	bezalkoholiskais dzēriens (v)	[bɛzalkɔxɔliskais dze:riɛns]
refresco (m)	atspirdzinošs dzēriens (v)	[atspirdzinɔʃs dze:riɛns]
limonada (f)	limonāde (s)	[limɔna:de]

bebidas (f pl) alcoólicas	alkoholiskie dzērieni (v dsk)	[alkɔxɔliskiɛ dze:riɛni]
vinho (m)	vīns (v)	[vi:ns]
vinho (m) branco	baltvīns (v)	[baltvi:ns]
vinho (m) tinto	sarkanvīns (v)	[sarkanvi:ns]

licor (m)	liķieris (v)	[litʲiɛris]
champanhe (m)	šampanietis (v)	[ʃampaniɛtis]
vermute (m)	vermuts (v)	[vermuts]

uísque (m)	viskijs (v)	[viskijs]
vodca (f)	degvīns (v)	[degvi:ns]
gim (m)	džins (v)	[dʒins]
conhaque (m)	konjaks (v)	[kɔnjaks]
rum (m)	rums (v)	[rums]

café (m)	kafija (s)	[kafija]
café (m) preto	melnā kafija (s)	[melna: kafija]
café (m) com leite	kafija (s) ar pienu	[kafija ar piɛnu]
cappuccino (m)	kapučīno (v)	[kaputʃi:nɔ]
café (m) solúvel	šķīstošā kafija (s)	[ʃtʲi:stɔʃa: kafija]

leite (m)	piens (v)	[piɛns]
coquetel (m)	kokteilis (v)	[kɔktɛilis]
batida (f), milkshake (m)	piena kokteilis (v)	[piɛna kɔktɛilis]

suco (m)	sula (s)	[sula]
suco (m) de tomate	tomātu sula (s)	[tɔma:tu sula]
suco (m) de laranja	apelsīnu sula (s)	[apɛlsi:nu sula]
suco (m) fresco	svaigi spiesta sula (s)	[svaigi spiɛsta sula]

cerveja (f)	alus (v)	[alus]
cerveja (f) clara	gaišais alus (v)	[gaiʃais alus]
cerveja (f) preta	tumšais alus (v)	[tumʃais alus]

chá (m)	tēja (s)	[te:ja]
chá (m) preto	melnā tēja (s)	[melna: te:ja]
chá (m) verde	zaļā tēja (s)	[zalʲa: te:ja]

37. Vegetais

vegetais (m pl)	dārzeņi (v dsk)	[da:rzeɲi]
verdura (f)	zaļumi (v dsk)	[zalʲumi]

tomate (m)	tomāts (v)	[tɔma:ts]
pepino (m)	gurķis (v)	[gurtʲis]
cenoura (f)	burkāns (v)	[burka:ns]
batata (f)	kartupelis (v)	[kartupelis]

cebola (f)	sīpols (v)	[si:pols]
alho (m)	ķiploks (v)	[tʲiploks]

couve (f)	kāposti (v dsk)	[ka:posti]
couve-flor (f)	puķkāposti (v dsk)	[putʲka:posti]
couve-de-bruxelas (f)	Briseles kāposti (v dsk)	[brisɛles ka:posti]
brócolis (m pl)	brokolis (v)	[brokolis]

beterraba (f)	biete (s)	[biɛte]
berinjela (f)	baklažāns (v)	[baklaʒa:ns]
abobrinha (f)	kabacis (v)	[kabatsis]
abóbora (f)	ķirbis (v)	[tʲirbis]
nabo (m)	rācenis (v)	[ra:tsenis]

salsa (f)	pētersīlis (v)	[pɛ:tɛrsi:lis]
endro, aneto (m)	dilles (s dsk)	[dilles]
alface (f)	dārza salāti (v dsk)	[da:rza sala:ti]
aipo (m)	selerija (s)	[sɛlerija]
aspargo (m)	sparģelis (v)	[spardʲelis]
espinafre (m)	spināti (v dsk)	[spina:ti]

ervilha (f)	zirnis (v)	[zirnis]
feijão (~ soja, etc.)	pupas (s dsk)	[pupas]
milho (m)	kukurūza (s)	[kukuru:za]
feijão (m) roxo	pupiņas (s dsk)	[pupiɲas]

pimentão (m)	graudu pipars (v)	[graudu pipars]
rabanete (m)	redīss (v)	[redi:s]
alcachofra (f)	artišoks (v)	[artiʃoks]

38. Frutos. Nozes

fruta (f)	auglis (v)	[auglis]
maçã (f)	ābols (v)	[a:bols]
pera (f)	bumbieris (v)	[bumbiɛris]
limão (m)	citrons (v)	[tsitrons]
laranja (f)	apelsīns (v)	[apɛlsi:ns]
morango (m)	zemene (s)	[zɛmɛne]

tangerina (f)	mandarīns (v)	[mandari:ns]
ameixa (f)	plūme (s)	[plu:me]
pêssego (m)	persiks (v)	[pɛrsiks]
damasco (m)	aprikoze (s)	[aprikoze]
framboesa (f)	avene (s)	[avɛne]
abacaxi (m)	ananāss (v)	[anana:s]

banana (f)	banāns (v)	[bana:ns]
melancia (f)	arbūzs (v)	[arbu:zs]
uva (f)	vīnoga (s)	[vi:noga]
ginja (f)	skābais ķirsis (v)	[ska:bais tʲirsis]
cereja (f)	saldais ķirsis (v)	[saldais tʲirsis]
melão (m)	melone (s)	[melone]
toranja (f)	greipfrūts (v)	[grɛipfru:ts]
abacate (m)	avokado (v)	[avokado]

mamão (m)	papaija (s)	[papaija]
manga (f)	mango (v)	[maŋgɔ]
romã (f)	granātābols (v)	[grana:ta:bɔls]

groselha (f) vermelha	sarkanā jāņoga (s)	[sarkana: ja:ɲɔga]
groselha (f) negra	upene (s)	[upɛne]
groselha (f) espinhosa	ērkšķoga (s)	[e:rkʃʲɔga]
mirtilo (m)	mellene (s)	[mellɛne]
amora (f) silvestre	kazene (s)	[kazɛne]

passa (f)	rozīne (s)	[rɔzi:ne]
figo (m)	vīģe (s)	[vi:dʲe]
tâmara (f)	datele (s)	[datɛle]

amendoim (m)	zemesrieksts (v)	[zɛmesriɛksts]
amêndoa (f)	mandeles (s dsk)	[mandɛles]
noz (f)	valrieksts (v)	[valriɛksts]
avelã (f)	lazdu rieksts (v)	[lazdu riɛksts]
coco (m)	kokosrieksts (v)	[kɔkɔsriɛksts]
pistaches (m pl)	pistācijas (s dsk)	[pista:tsijas]

39. Pão. Bolaria

pastelaria (f)	konditorejas izstrādājumi (v dsk)	[kɔnditɔrejas izstra:da:jumi]
pão (m)	maize (s)	[maize]
biscoito (m), bolacha (f)	cepumi (v dsk)	[tsɛpumi]
chocolate (m)	šokolāde (s)	[ʃɔkɔla:de]
de chocolate	šokolādes	[ʃɔkɔla:des]
bala (f)	konfekte (s)	[kɔnfekte]
doce (bolo pequeno)	kūka (s)	[ku:ka]
bolo (m) de aniversário	torte (s)	[tɔrte]
torta (f)	pīrāgs (v)	[pi:ra:gs]
recheio (m)	pildījums (v)	[pildi:jums]
geleia (m)	ievārījums (v)	[iɛva:ri:jums]
marmelada (f)	marmelāde (s)	[marmɛla:de]
wafers (m pl)	vafeles (s dsk)	[vafɛles]
sorvete (m)	saldējums (v)	[salde:jums]
pudim (m)	pudiņš (v)	[pudiɲʃ]

40. Pratos cozinhados

prato (m)	ēdiens (v)	[e:diɛns]
cozinha (~ portuguesa)	virtuve (s)	[virtuve]
receita (f)	recepte (s)	[retsepte]
porção (f)	porcija (s)	[pɔrtsija]
salada (f)	salāti (v dsk)	[sala:ti]
sopa (f)	zupa (s)	[zupa]

caldo (m)	buljons (v)	[buljons]
sanduíche (m)	sviestmaize (s)	[sviɛstmaize]
ovos (m pl) fritos	ceptas olas (s dsk)	[tseptas ɔlas]

hambúrguer (m)	hamburgers (v)	[xamburgɛrs]
bife (m)	bifšteks (v)	[bifʃteks]

acompanhamento (m)	piedeva (s)	[piɛdɛva]
espaguete (m)	spageti (v dsk)	[spageti]
purê (m) de batata	kartupeļu biezenis (v)	[kartupɛlʲu biɛzenis]
pizza (f)	pica (s)	[pitsa]
mingau (m)	biezputra (s)	[biɛzputra]
omelete (f)	omlete (s)	[ɔmlɛte]

fervido (adj)	vārīts	[va:ri:ts]
defumado (adj)	kūpināts	[ku:pina:ts]
frito (adj)	cepts	[tsepts]
seco (adj)	žāvēts	[ʒa:ve:ts]
congelado (adj)	sasaldēts	[sasalde:ts]
em conserva (adj)	marinēts	[marine:ts]

doce (adj)	salds	[salds]
salgado (adj)	sāļš	[sa:lʲʃ]
frio (adj)	auksts	[auksts]
quente (adj)	karsts	[karsts]
amargo (adj)	rūgts	[ru:gts]
gostoso (adj)	garšīgs	[garʃi:gs]

cozinhar em água fervente	vārīt	[va:ri:t]
preparar (vt)	gatavot	[gatavɔt]
fritar (vt)	cept	[tsept]
aquecer (vt)	uzsildīt	[uzsildi:t]

salgar (vt)	piebērt sāli	[piɛbe:rt sa:li]
apimentar (vt)	piparot	[piparɔt]
ralar (vt)	rīvēt	[ri:ve:t]
casca (f)	miza (s)	[miza]
descascar (vt)	mizot	[mizɔt]

41. Especiarias

sal (m)	sāls (v)	[sa:ls]
salgado (adj)	sāļš	[sa:lʲʃ]
salgar (vt)	piebērt sāli	[piɛbe:rt sa:li]

pimenta-do-reino (f)	melnie pipari (v dsk)	[melniɛ pipari]
pimenta (f) vermelha	paprika (s)	[paprika]
mostarda (f)	sinepes (s dsk)	[sinɛpes]
raiz-forte (f)	mārrutki (v dsk)	[ma:rrutki]

condimento (m)	piedeva (s)	[piɛdɛva]
especiaria (f)	garšviela (s)	[garʃviɛla]
molho (~ inglês)	mērce (s)	[me:rtse]
vinagre (m)	etiķis (v)	[ɛtitʲis]

anis estrelado (m)	anīss (v)	[ani:s]
manjericão (m)	baziliks (v)	[baziliks]
cravo (m)	krustnaglinas (s dsk)	[krustnaglinas]
gengibre (m)	ingvers (v)	[iŋgvɛrs]
coentro (m)	koriandrs (v)	[koriandrs]
canela (f)	kanēlis (v)	[kane:lis]

gergelim (m)	sezams (v)	[sɛzams]
folha (f) de louro	lauru lapa (s)	[lauru lapa]
páprica (f)	paprika (s)	[paprika]
cominho (m)	ķimenes (s dsk)	[tʲimɛnes]
açafrão (m)	safrāns (v)	[safra:ns]

42. Refeições

comida (f)	ēdiens (v)	[e:diɛns]
comer (vt)	ēst	[ɛ:st]

café (m) da manhã	brokastis (s dsk)	[brɔkastis]
tomar café da manhã	brokastot	[brɔkastɔt]
almoço (m)	pusdienas (s dsk)	[pusdiɛnas]
almoçar (vi)	pusdienot	[pusdiɛnɔt]
jantar (m)	vakarinas (s dsk)	[vakariɲas]
jantar (vi)	vakarinot	[vakariɲɔt]

apetite (m)	apetīte (s)	[apeti:te]
Bom apetite!	Labu apetīti!	[labu apeti:ti!]

abrir (~ uma lata, etc.)	atvērt	[atve:rt]
derramar (~ líquido)	izliet	[izliɛt]
derramar-se (vr)	izlieties	[izliɛtiɛs]

ferver (vi)	vārīties	[va:ri:tiɛs]
ferver (vt)	vārīt	[va:ri:t]
fervido (adj)	vārīts	[va:ri:ts]
esfriar (vt)	atdzesēt	[atdzɛse:t]
esfriar-se (vr)	atdzesēties	[atdzɛse:tiɛs]

sabor, gosto (m)	garša (s)	[garʃa]
fim (m) de boca	piegarša (s)	[piɛgarʃa]

emagrecer (vi)	tievēt	[tiɛve:t]
dieta (f)	diēta (s)	[diɛ:ta]
vitamina (f)	vitamīns (v)	[vitami:ns]
caloria (f)	kalorija (s)	[kalɔrija]
vegetariano (m)	veģetārietis (v)	[vɛdʲɛta:riɛtis]
vegetariano (adj)	veģetāriešu	[vɛdʲɛta:riɛʃu]

gorduras (f pl)	tauki (v dsk)	[tauki]
proteínas (f pl)	olbaltumvielas (s dsk)	[ɔlbaltumviɛlas]
carboidratos (m pl)	ogļhidrāti (v dsk)	[ɔglʲxidra:ti]
fatia (~ de limão, etc.)	šķēlīte (s)	[ʃtʲe:li:te]
pedaço (~ de bolo)	gabals (v)	[gabals]
migalha (f), farelo (m)	gabaliņš (v)	[gabaliɲʃ]

43. Por a mesa

colher (f)	karote (s)	[karɔte]
faca (f)	nazis (v)	[nazis]
garfo (m)	dakša (s)	[dakʃa]
xícara (f)	tase (s)	[tase]
prato (m)	šķīvis (v)	[ʃtʲi:vis]
pires (m)	apakštase (s)	[apakʃtase]
guardanapo (m)	salvete (s)	[salvɛte]
palito (m)	zobu bakstāmais (v)	[zɔbu baksta:mais]

44. Restaurante

restaurante (m)	restorāns (v)	[restɔra:ns]
cafeteria (f)	kafejnīca (s)	[kafejni:tsa]
bar (m), cervejaria (f)	bārs (v)	[ba:rs]
salão (m) de chá	tēju nams (v)	[te:ju nams]
garçom (m)	oficiants (v)	[ɔfitsiants]
garçonete (f)	oficiante (s)	[ɔfitsiante]
barman (m)	bārmenis (v)	[ba:rmenis]
cardápio (m)	ēdienkarte (s)	[e:diɛnkarte]
lista (f) de vinhos	vīnu karte (s)	[vi:nu karte]
reservar uma mesa	rezervēt galdiņu	[rɛzerve:t galdiɲu]
prato (m)	ēdiens (v)	[e:diɛns]
pedir (vt)	pasūtīt	[pasu:ti:t]
fazer o pedido	pasūtīt	[pasu:ti:t]
aperitivo (m)	aperitīvs (v)	[aperiti:vs]
entrada (f)	uzkožamais (v)	[uzkɔʒamais]
sobremesa (f)	deserts (v)	[dɛserts]
conta (f)	rēķins (v)	[re:tʲins]
pagar a conta	samaksāt rēķinu	[samaksa:t re:tʲinu]
dar o troco	iedot atlikumu	[iɛdɔt atlikumu]
gorjeta (f)	dzeramnauda (s)	[dzɛramnauda]

Família, parentes e amigos

45. Informação pessoal. Formulários

nome (m)	vārds (v)	[va:rds]
sobrenome (m)	uzvārds (v)	[uzva:rds]
data (f) de nascimento	dzimšanas datums (v)	[dzimʃanas datums]
local (m) de nascimento	dzimšanas vieta (s)	[dzimʃanas viɛta]
nacionalidade (f)	tautība (s)	[tauti:ba]
lugar (m) de residência	dzīves vieta (s)	[dzi:ves viɛta]
país (m)	valsts (s)	[valsts]
profissão (f)	profesija (s)	[profesija]
sexo (m)	dzimums (v)	[dzimums]
estatura (f)	augums (v)	[augums]
peso (m)	svars (v)	[svars]

46. Membros da família. Parentes

mãe (f)	māte (s)	[ma:te]
pai (m)	tēvs (v)	[te:vs]
filho (m)	dēls (v)	[dɛ:ls]
filha (f)	meita (s)	[mɛita]
caçula (f)	jaunākā meita (s)	[jauna:ka: mɛita]
caçula (m)	jaunākais dēls (v)	[jauna:kais dɛ:ls]
filha (f) mais velha	vecākā meita (s)	[vetsa:ka: mɛita]
filho (m) mais velho	vecākais dēls (v)	[vetsa:kais dɛ:ls]
irmão (m)	brālis (v)	[bra:lis]
irmão (m) mais velho	vecākais brālis (v)	[vetsa:kais bra:lis]
irmão (m) mais novo	jaunākais brālis (v)	[jauna:kais bra:lis]
irmã (f)	māsa (s)	[ma:sa]
irmã (f) mais velha	vecākā māsa (s)	[vetsa:ka: ma:sa]
irmã (f) mais nova	jaunākā māsa (s)	[jauna:ka: ma:sa]
primo (m)	brālēns (v)	[bra:le:ns]
prima (f)	māsīca (s)	[ma:si:tsa]
mamãe (f)	māmiņa (s)	[ma:miɲa]
papai (m)	tētis (v)	[te:tis]
pais (pl)	vecāki (v dsk)	[vetsa:ki]
criança (f)	bērns (v)	[be:rns]
crianças (f pl)	bērni (v dsk)	[be:rni]
avó (f)	vecmāmiņa (s)	[vetsma:miɲa]
avô (m)	vectēvs (v)	[vetste:vs]
neto (m)	mazdēls (v)	[mazdɛ:ls]

| neta (f) | mazmeita (s) | [mazmɛita] |
| netos (pl) | mazbērni (v dsk) | [mazbe:rni] |

tio (m)	onkulis (v)	[ɔnkulis]
tia (f)	tante (s)	[tante]
sobrinho (m)	brāļadēls, māsasdēls (v)	[bra:lʲadɛ:ls], [ma:sasdɛ:ls]
sobrinha (f)	brāļameita, māsasmeita (s)	[bra:lʲamɛita], [ma:sasmɛita]

sogra (f)	sievasmāte, vīramāte (s)	[siɛvasma:te], [vi:rama:te]
sogro (m)	sievastēvs, vīratēvs (v)	[siɛvaste:vs], [vi:rate:vs]
genro (m)	znots (v)	[znɔts]
madrasta (f)	pamāte (s)	[pama:te]
padrasto (m)	patēvs (v)	[pate:vs]

criança (f) de colo	krūts bērns (v)	[kru:ts be:rns]
bebê (m)	zīdainis (v)	[zi:dainis]
menino (m)	mazulis (v)	[mazulis]

mulher (f)	sieva (s)	[siɛva]
marido (m)	vīrs (v)	[vi:rs]
esposo (m)	dzīvesbiedrs (v)	[dzi:vesbiɛdrs]
esposa (f)	dzīvesbiedre (s)	[dzi:vesbiɛdre]

casado (adj)	precējies	[pretse:jiɛs]
casada (adj)	precējusies	[pretse:jusiɛs]
solteiro (adj)	neprecējies	[nepretse:jiɛs]
solteirão (m)	vecpuisis (v)	[vetspuisis]
divorciado (adj)	šķīries	[ʃʲti:riɛs]
viúva (f)	atraitne (s)	[atraitne]
viúvo (m)	atraitnis (v)	[atraitnis]

parente (m)	radinieks (v)	[radiniɛks]
parente (m) próximo	tuvs radinieks (v)	[tuvs radiniɛks]
parente (m) distante	tāls radinieks (v)	[ta:ls radiniɛks]
parentes (m pl)	radi (v dsk)	[radi]

órfão (m)	bārenis (v)	[ba:renis]
órfã (f)	bārene (s)	[ba:rɛne]
tutor (m)	aizbildnis (v)	[aizbildnis]
adotar (um filho)	adoptēt zēnu	[adɔpte:t zɛ:nu]
adotar (uma filha)	adoptēt meiteni	[adɔpte:t mɛiteni]

Medicina

47. Doenças

doença (f)	slimība (s)	[slimi:ba]
estar doente	slimot	[slimɔt]
saúde (f)	veselība (s)	[vɛseli:ba]

nariz (m) escorrendo	iesnas (s dsk)	[iɛsnas]
amigdalite (f)	angīna (s)	[aŋgi:na]
resfriado (m)	saaukstēšanās (s)	[saaukste:ʃana:s]
ficar resfriado	saaukstēties	[saaukste:tiɛs]

bronquite (f)	bronhīts (v)	[brɔnxi:ts]
pneumonia (f)	plaušu karsonis (v)	[plauʃu karsɔnis]
gripe (f)	gripa (s)	[gripa]

míope (adj)	tuvredzīgs	[tuvredzi:gs]
presbita (adj)	tālredzīgs	[ta:lredzi:gs]
estrabismo (m)	šķielēšana (s)	[ʃtʲiɛle:ʃana]
estrábico, vesgo (adj)	šķielējošs	[ʃtʲiɛle:jɔʃs]
catarata (f)	katarakta (s)	[katarakta]
glaucoma (m)	glaukoma (s)	[glaukɔma]

AVC (m), apoplexia (f)	insults (v)	[insults]
ataque (m) cardíaco	infarkts (v)	[infarkts]
enfarte (m) do miocárdio	miokarda infarkts (v)	[miɔkarda infarkts]
paralisia (f)	paralīze (s)	[parali:ze]
paralisar (vt)	paralizēt	[paralize:t]

alergia (f)	alerģija (s)	[alerdʲija]
asma (f)	astma (s)	[astma]
diabetes (f)	diabēts (v)	[diabe:ts]

dor (f) de dente	zobu sāpes (s dsk)	[zɔbu sa:pes]
cárie (f)	kariess (v)	[kariɛs]

diarreia (f)	caureja (s)	[tsaureja]
prisão (f) de ventre	aizcietējums (v)	[aiztsiɛte:jums]
desarranjo (m) intestinal	gremošanas traucējumi (v dsk)	[gremɔʃanas trautse:jumi]
intoxicação (f) alimentar	saindēšanās (s)	[sainde:ʃana:s]
intoxicar-se	saindēties	[sainde:tiɛs]

artrite (f)	artrīts (v)	[artri:ts]
raquitismo (m)	rahīts (v)	[raxi:ts]
reumatismo (m)	reimatisms (v)	[rɛimatisms]
arteriosclerose (f)	ateroskleroze (s)	[aterɔsklerɔze]
gastrite (f)	gastrīts (v)	[gastri:ts]
apendicite (f)	apendicīts (v)	[apenditsi:ts]

| colecistite (f) | holecistīts (v) | [xɔletsisti:ts] |
| úlcera (f) | čūla (s) | [tʃu:la] |

sarampo (m)	masalas (s dsk)	[masalas]
rubéola (f)	masaliņas (s dsk)	[masaliɲas]
icterícia (f)	dzeltenā kaite (s)	[dzeltɛna: kaite]
hepatite (f)	hepatīts (v)	[xɛpati:ts]

esquizofrenia (f)	šizofrēnija (s)	[ʃizɔfre:nija]
raiva (f)	trakumsērga (s)	[trakumse:rga]
neurose (f)	neiroze (s)	[nɛirɔze]
contusão (f) cerebral	smadzeņu satricinājums (v)	[smadzɛɲu satritsina:jums]

câncer (m)	vēzis (v)	[ve:zis]
esclerose (f)	skleroze (s)	[sklerɔze]
esclerose (f) múltipla	multiplā skleroze (s)	[multipla: sklerɔze]

alcoolismo (m)	alkoholisms (v)	[alkɔxɔlisms]
alcoólico (m)	alkoholiķis (v)	[alkɔxɔlitʲis]
sífilis (f)	sifiliss (v)	[sifilis]
AIDS (f)	AIDS (v)	[aids]

tumor (m)	audzējs (v)	[audze:js]
maligno (adj)	ļaundabīgs	[lʲaundabi:gs]
benigno (adj)	labdabīgs	[labdabi:gs]
febre (f)	drudzis (v)	[drudzis]
malária (f)	malārija (s)	[mala:rija]
gangrena (f)	gangrēna (s)	[gangrɛ:na]
enjoo (m)	jūras slimība (s)	[ju:ras slimi:ba]
epilepsia (f)	epilepsija (s)	[epilepsija]

epidemia (f)	epidēmija (s)	[epide:mija]
tifo (m)	tīfs (v)	[ti:fs]
tuberculose (f)	tuberkuloze (s)	[tuberkulɔze]
cólera (f)	holēra (s)	[xɔlɛ:ra]
peste (f) bubônica	mēris (v)	[me:ris]

48. Sintomas. Tratamentos. Parte 1

sintoma (m)	simptoms (v)	[simptɔms]
temperatura (f)	temperatūra (s)	[tempɛratu:ra]
febre (f)	augsta temperatūra (s)	[augsta tempɛratu:ra]
pulso (m)	pulss (v)	[puls]

vertigem (f)	galvas reibšana (s)	[galvas rɛibʃana]
quente (testa, etc.)	karsts	[karsts]
calafrio (m)	drebuļi (v dsk)	[drɛbulʲi]
pálido (adj)	bāls	[ba:ls]

tosse (f)	klepus (v)	[klɛpus]
tossir (vi)	klepot	[klepɔt]
espirrar (vi)	šķaudīt	[ʃtʲaudi:t]
desmaio (m)	ģībonis (v)	[dʲi:bɔnis]
desmaiar (vi)	paģībt	[padʲi:bt]

mancha (f) preta	zilums (v)	[zilums]
galo (m)	puns (v)	[puns]
machucar-se (vr)	atsisties	[atsistiɛs]
contusão (f)	sasitums (v)	[sasitums]
machucar-se (vr)	sasisties	[sasistiɛs]
mancar (vi)	klibot	[klibɔt]
deslocamento (f)	izmežģījums (v)	[izmeʒdʲi:jums]
deslocar (vt)	izmežģīt	[izmeʒdʲi:t]
fratura (f)	lūzums (v)	[lu:zums]
fraturar (vt)	dabūt lūzumu	[dabu:t lu:zumu]
corte (m)	iegriezums (v)	[iɛgriɛzums]
cortar-se (vr)	sagriezties	[sagriɛztiɛs]
hemorragia (f)	asiņošana (s)	[asiɲoʃana]
queimadura (f)	apdegums (v)	[apdɛgums]
queimar-se (vr)	apdedzināties	[apdedzina:tiɛs]
picar (vt)	sadurt	[sadurt]
picar-se (vr)	sadurties	[sadurtiɛs]
lesionar (vt)	sabojāt	[sabɔja:t]
lesão (m)	traumēšana (s)	[traume:ʃana]
ferida (f), ferimento (m)	ievainojums (v)	[iɛvainɔjums]
trauma (m)	trauma (s)	[trauma]
delirar (vi)	murgot	[murgɔt]
gaguejar (vi)	stostīties	[stɔsti:tiɛs]
insolação (f)	saules dūriens (v)	[saules du:riɛns]

49. Sintomas. Tratamentos. Parte 2

dor (f)	sāpes (s dsk)	[sa:pes]
farpa (no dedo, etc.)	skabarga (s)	[skabarga]
suor (m)	sviedri (v dsk)	[sviɛdri]
suar (vi)	svīst	[svi:st]
vômito (m)	vemšana (s)	[vemʃana]
convulsões (f pl)	krampji (v dsk)	[krampji]
grávida (adj)	grūta	[gru:ta]
nascer (vi)	piedzimt	[piɛdzimt]
parto (m)	dzemdības (s dsk)	[dzemdi:bas]
dar à luz	dzemdēt	[dzemde:t]
aborto (m)	aborts (v)	[abɔrts]
respiração (f)	elpošana (s)	[elpoʃana]
inspiração (f)	ieelpa (s)	[iɛelpa]
expiração (f)	izelpa (s)	[izelpa]
expirar (vi)	izelpot	[izelpɔt]
inspirar (vi)	ieelpot	[iɛelpɔt]
inválido (m)	invalīds (v)	[invali:ds]
aleijado (m)	kroplis (v)	[krɔplis]

drogado (m)	narkomāns (v)	[narkɔma:ns]
surdo (adj)	kurls	[kurls]
mudo (adj)	mēms	[me:ms]
surdo-mudo (adj)	kurlmēms	[kurlme:ms]
louco, insano (adj)	traks	[traks]
louco (m)	trakais (v)	[trakais]
louca (f)	traka (s)	[traka]
ficar louco	zaudēt prātu	[zaude:t pra:tu]
gene (m)	gēns (v)	[ge:ns]
imunidade (f)	imunitāte (s)	[imunita:te]
hereditário (adj)	mantojams	[mantɔjams]
congênito (adj)	iedzimts	[iɛdzimts]
vírus (m)	vīruss (v)	[vi:rus]
micróbio (m)	mikrobs (v)	[mikrɔbs]
bactéria (f)	baktērija (s)	[bakte:rija]
infecção (f)	infekcija (s)	[infektsija]

50. Sintomas. Tratamentos. Parte 3

hospital (m)	slimnīca (s)	[slimni:tsa]
paciente (m)	pacients (v)	[patsiɛnts]
diagnóstico (m)	diagnoze (s)	[diagnɔze]
cura (f)	ārstēšana (s)	[a:rste:ʃana]
tratamento (m) médico	ārstēšana (s)	[a:rste:ʃana]
curar-se (vr)	ārstēties	[a:rste:tiɛs]
tratar (vt)	ārstēt	[a:rste:t]
cuidar (pessoa)	apkopt	[apkɔpt]
cuidado (m)	apkope (s)	[apkɔpe]
operação (f)	operācija (s)	[ɔpɛra:tsija]
enfaixar (vt)	pārsiet	[pa:rsiɛt]
enfaixamento (m)	pārsiešana (s)	[pa:rsiɛʃana]
vacinação (f)	potēšana (s)	[pɔte:ʃana]
vacinar (vt)	potēt	[pɔte:t]
injeção (f)	injekcija (s)	[injektsija]
dar uma injeção	injicēt	[injitse:t]
ataque (~ de asma, etc.)	lēkme (s)	[le:kme]
amputação (f)	amputācija (s)	[amputa:tsija]
amputar (vt)	amputēt	[ampute:t]
coma (f)	koma (s)	[kɔma]
estar em coma	būt komā	[bu:t kɔma:]
reanimação (f)	reanimācija (s)	[reanima:tsija]
recuperar-se (vr)	atveseļoties	[atvɛseļɔtiɛs]
estado (~ de saúde)	stāvoklis (v)	[sta:vɔklis]
consciência (perder a ~)	apziņa (s)	[apziɲa]
memória (f)	atmiņa (s)	[atmiɲa]
tirar (vt)	izraut	[izraut]

obturação (f)	plomba (s)	[plɔmba]
obturar (vt)	plombēt	[plɔmbe:t]
hipnose (f)	hipnoze (s)	[xipnɔze]
hipnotizar (vt)	hipnotizēt	[xipnɔtize:t]

51. Médicos

médico (m)	ārsts (v)	[a:rsts]
enfermeira (f)	medmāsa (s)	[medma:sa]
médico (m) pessoal	personīgais ārsts (v)	[pɛrsɔni:gais a:rsts]
dentista (m)	dentists (v)	[dentists]
oculista (m)	okulists (v)	[ɔkulists]
terapeuta (m)	terapeits (v)	[tɛrapɛits]
cirurgião (m)	ķirurgs (v)	[tʲirurgs]
psiquiatra (m)	psihiatrs (v)	[psixiatrs]
pediatra (m)	pediatrs (v)	[pediatrs]
psicólogo (m)	psihologs (v)	[psixɔlɔgs]
ginecologista (m)	ginekologs (v)	[ginekɔlɔgs]
cardiologista (m)	kardiologs (v)	[kardiɔlɔgs]

52. Medicina. Drogas. Acessórios

medicamento (m)	zāles (s dsk)	[za:les]
remédio (m)	līdzeklis (v)	[li:dzeklis]
receitar (vt)	izrakstīt	[izraksti:t]
receita (f)	recepte (s)	[retsepte]
comprimido (m)	tablete (s)	[tablɛte]
unguento (m)	ziede (s)	[ziɛde]
ampola (f)	ampula (s)	[ampula]
solução, preparado (m)	mikstūra (s)	[mikstu:ra]
xarope (m)	sīrups (v)	[si:rups]
cápsula (f)	zāļu kapsula (s)	[za:lʲu kapsula]
pó (m)	pulveris (v)	[pulveris]
atadura (f)	saite (s)	[saite]
algodão (m)	vate (s)	[vate]
iodo (m)	jods (v)	[jɔds]
curativo (m) adesivo	plāksteris (v)	[pla:ksteris]
conta-gotas (m)	pipete (s)	[pipɛte]
termômetro (m)	termometrs (v)	[termɔmetrs]
seringa (f)	šļirce (s)	[ʃlʲirtse]
cadeira (f) de rodas	ratiņkrēsls (v)	[ratiŋkre:sls]
muletas (f pl)	kruķi (v dsk)	[krutʲi]
analgésico (m)	pretsāpju līdzeklis (v)	[pretsa:pju li:dzeklis]
laxante (m)	caurejas līdzeklis (v)	[tsaurejas li:dzeklis]

álcool (m)	**spirts** (v)	[spirts]
ervas (f pl) medicinais	**zāle** (s)	[za:le]
de ervas (chá ~)	**zāļu**	[za: lʲu]

HABITAT HUMANO

Cidade

53. Cidade. Vida na cidade

cidade (f)	pilsēta (s)	[pilsɛːta]
capital (f)	galvaspilsēta (s)	[galvaspilsɛːta]
aldeia (f)	ciems (v)	[tsiɛms]
mapa (m) da cidade	pilsētas plāns (v)	[pilsɛːtas plaːns]
centro (m) da cidade	pilsētas centrs (v)	[pilsɛːtas tsentrs]
subúrbio (m)	piepilsēta (s)	[piɛpilsɛːta]
suburbano (adj)	piepilsētas	[piɛpilsɛːtas]
periferia (f)	nomale (s)	[nɔmale]
arredores (m pl)	apkārtnes (s dsk)	[apkaːrtnes]
quarteirão (m)	kvartāls (v)	[kvartaːls]
quarteirão (m) residencial	dzīvojamais kvartāls (v)	[dziːvɔjamais kvartaːls]
tráfego (m)	satiksme (s)	[satiksme]
semáforo (m)	luksofors (v)	[luksɔfɔrs]
transporte (m) público	sabiedriskais transports (v)	[sabiɛdriskais transpɔrts]
cruzamento (m)	krustojums (v)	[krustɔjums]
faixa (f)	gājēju pāreja (s)	[gaːjeːju paːreja]
túnel (m) subterrâneo	pazemes pāreja (s)	[pazɛmes paːreja]
cruzar, atravessar (vt)	pāriet	[paːriɛt]
pedestre (m)	kājāmgājējs (v)	[kaːjaːmgaːjeːjs]
calçada (f)	trotuārs (v)	[trɔtuaːrs]
ponte (f)	tilts (v)	[tilts]
margem (f) do rio	krastmala (s)	[krastmala]
fonte (f)	strūklaka (s)	[struːklaka]
alameda (f)	gatve (s)	[gatve]
parque (m)	parks (v)	[parks]
bulevar (m)	bulvāris (v)	[bulvaːris]
praça (f)	laukums (v)	[laukums]
avenida (f)	prospekts (v)	[prɔspekts]
rua (f)	iela (s)	[iɛla]
travessa (f)	šķērsiela (s)	[ʃceːrsiɛla]
beco (m) sem saída	strupceļš (v)	[struptselʲʃ]
casa (f)	māja (s)	[maːja]
edifício, prédio (m)	ēka (s)	[ɛːka]
arranha-céu (m)	augstceltne (s)	[augsttseltne]
fachada (f)	fasāde (s)	[fasaːde]
telhado (m)	jumts (v)	[jumts]

janela (f)	logs (v)	[lɔgs]
arco (m)	loks (v)	[lɔks]
coluna (f)	kolona (s)	[kɔlɔna]
esquina (f)	stūris (v)	[stu:ris]

vitrine (f)	skatlogs (v)	[skatlɔgs]
letreiro (m)	izkārtne (s)	[izka:rtne]
cartaz (do filme, etc.)	afiša (s)	[afiʃa]
cartaz (m) publicitário	reklāmu plakāts (v)	[rekla:mu plaka:ts]
painel (m) publicitário	reklāmu dēlis (v)	[rekla:mu de:lis]

lixo (m)	atkritumi (v dsk)	[atkritumi]
lata (f) de lixo	atkritumu tvertne (s)	[atkritumu tvertne]
jogar lixo na rua	piegružot	[piɛgruʒɔt]
aterro (m) sanitário	izgāztuve (s)	[izga:ztuve]

orelhão (m)	telefona būda (s)	[tɛlefɔna bu:da]
poste (m) de luz	laterna (s)	[laterna]
banco (m)	sols (v)	[sɔls]

polícia (m)	policists (v)	[pɔlitsists]
polícia (instituição)	policija (s)	[pɔlitsija]
mendigo, pedinte (m)	nabags (v)	[nabags]
desabrigado (m)	bezpajumtnieks (v)	[bezpajumtniɛks]

54. Instituições urbanas

loja (f)	veikals (v)	[vɛikals]
drogaria (f)	aptieka (s)	[aptiɛka]
ótica (f)	optika (s)	[ɔptika]
centro (m) comercial	tirdzniecības centrs (v)	[tirdzniɛtsi:bas tsentrs]
supermercado (m)	lielveikals (v)	[liɛlvɛikals]

padaria (f)	maiznīca (s)	[maizni:tsa]
padeiro (m)	maiznieks (v)	[maizniɛks]
pastelaria (f)	konditoreja (s)	[kɔnditɔreja]
mercearia (f)	pārtikas preču veikals (v)	[pa:rtikas pretʃu vɛikals]
açougue (m)	gaļas veikals (v)	[gaļas vɛikals]

fruteira (f)	sakņu veikals (v)	[sakɲu vɛikals]
mercado (m)	tirgus (v)	[tirgus]

cafeteria (f)	kafejnīca (s)	[kafejni:tsa]
restaurante (m)	restorāns (v)	[restɔra:ns]
bar (m)	alus krogs (v)	[alus krɔgs]
pizzaria (f)	picērija (s)	[pitse:rija]

salão (m) de cabeleireiro	frizētava (s)	[frizē:tava]
agência (f) dos correios	pasts (v)	[pasts]
lavanderia (f)	ķīmiskā tīrītava (s)	[tʲi:miska: ti:ri:tava]
estúdio (m) fotográfico	fotostudija (s)	[fotɔstudija]

sapataria (f)	apavu veikals (v)	[apavu vɛikals]
livraria (f)	grāmatnīca (s)	[gra:matni:tsa]

loja (f) de artigos esportivos	sporta preču veikals (v)	[spɔrta pretʃu vɛikals]
costureira (m)	apģērbu labošana (s)	[apdʲeːrbu labɔʃana]
aluguel (m) de roupa	apģērbu noma (s)	[apdʲeːrbu nɔma]
videolocadora (f)	filmu noma (s)	[filmu nɔma]
circo (m)	cirks (v)	[tsirks]
jardim (m) zoológico	zoodārzs (v)	[zɔɔdaːrzs]
cinema (m)	kinoteātris (v)	[kinɔteaːtris]
museu (m)	muzejs (v)	[muzejs]
biblioteca (f)	bibliotēka (s)	[bibliɔtɛːka]
teatro (m)	teātris (v)	[teaːtris]
ópera (f)	opera (s)	[ɔpɛra]
boate (casa noturna)	naktsklubs (v)	[naktsklubs]
cassino (m)	kazino (v)	[kazinɔ]
mesquita (f)	mošeja (s)	[mɔʃeja]
sinagoga (f)	sinagoga (s)	[sinagɔga]
catedral (f)	katedrāle (s)	[katedraːle]
templo (m)	dievnams (v)	[diɛvnams]
igreja (f)	baznīca (s)	[bazniːtsa]
faculdade (f)	institūts (v)	[instituːts]
universidade (f)	universitāte (s)	[univɛrsitaːte]
escola (f)	skola (s)	[skɔla]
prefeitura (f)	prefektūra (s)	[prefektuːra]
câmara (f) municipal	mērija (s)	[meːrija]
hotel (m)	viesnīca (s)	[viɛsniːtsa]
banco (m)	banka (s)	[banka]
embaixada (f)	vēstniecība (s)	[veːstniɛtsiːba]
agência (f) de viagens	tūrisma aģentūra (s)	[tuːrisma adʲentuːra]
agência (f) de informações	izziņu birojs (v)	[izziɲu birɔjs]
casa (f) de câmbio	apmaiņas punkts (v)	[apmaiɲas punkts]
metrô (m)	metro (v)	[metrɔ]
hospital (m)	slimnīca (s)	[slimniːtsa]
posto (m) de gasolina	degvielas uzpildes stacija (s)	[degviɛlas uzpildes statsija]
parque (m) de estacionamento	autostāvvieta (s)	[autɔstaːvviɛta]

55. Sinais

letreiro (m)	izkārtne (s)	[izkaːrtne]
aviso (m)	uzraksts (v)	[uzraksts]
cartaz, pôster (m)	plakāts (v)	[plakaːts]
placa (f) de direção	ceļrādis (v)	[tseɭraːdis]
seta (f)	bultiņa (s)	[bultiɲa]
aviso (advertência)	brīdinājums (v)	[briːdinaːjums]
sinal (m) de aviso	brīdinājums (v)	[briːdinaːjums]
avisar, advertir (vt)	brīdināt	[briːdinaːt]

dia (m) de folga	brīvdiena (s)	[bri:vdiɛna]
horário (~ dos trens, etc.)	saraksts (v)	[saraksts]
horário (m)	darba laiks (v)	[darba laiks]

BEM-VINDOS!	LAIPNI LŪDZAM!	[laipni lu:dzam!]
ENTRADA	IEEJA	[iɛeja]
SAÍDA	IZEJA	[izeja]

EMPURRE	GRŪST	[gru:st]
PUXE	VILKT	[vilkt]
ABERTO	ATVĒRTS	[atve:rts]
FECHADO	SLĒGTS	[sle:gts]

MULHER	SIEVIEŠU	[siɛviɛʃu]
HOMEM	VĪRIEŠU	[vi:riɛʃu]

DESCONTOS	ATLAIDES	[atlaides]
SALDOS, PROMOÇÃO	IZPĀRDOŠANA	[izpa:rdoʃana]
NOVIDADE!	JAUNUMS!	[jaunums!]
GRÁTIS	BEZMAKSAS	[bezmaksas]

ATENÇÃO!	UZMANĪBU!	[uzmani:bu!]
NÃO HÁ VAGAS	BRĪVU VIETU NAV	[bri:vu viɛtu nav]
RESERVADO	REZERVĒTS	[rɛzerve:ts]

ADMINISTRAÇÃO	ADMINISTRĀCIJA	[administra:tsija]
SOMENTE PESSOAL AUTORIZADO	TIKAI PERSONĀLAM	[tikai pɛrsona:lam]

CUIDADO CÃO FEROZ	NIKNS SUNS	[nikns suns]
PROIBIDO FUMAR!	SMĒĶĒT AIZLIEGTS!	[smɛ:tʲe:t aizliɛgts!]
NÃO TOCAR	AR ROKĀM NEAIZTIKT	[ar rɔka:m neaiztikt]

PERIGOSO	BĪSTAMI	[bi:stami]
PERIGO	BĪSTAMS	[bi:stams]
ALTA TENSÃO	AUGSTSPRIEGUMS	[augstspriɛgums]
PROIBIDO NADAR	PELDĒT AIZLIEGTS!	[pelde:t aizliɛgts!]
COM DEFEITO	NESTRĀDĀ	[nestra:da:]

INFLAMÁVEL	UGUNSNEDROŠS	[ugunsnedrɔʃs]
PROIBIDO	AIZLIEGTS	[aizliɛgts]
ENTRADA PROIBIDA	IEIEJA AIZLIEGTA	[iɛiɛja aizliɛgta]
CUIDADO TINTA FRESCA	SVAIGI KRĀSOTS	[svaigi kra:sɔts]

56. Transportes urbanos

ônibus (m)	autobuss (v)	[autɔbus]
bonde (m) elétrico	tramvajs (v)	[tramvajs]
trólebus (m)	trolejbuss (v)	[trɔlejbus]
rota (f), itinerário (m)	maršruts (v)	[marʃruts]
número (m)	numurs (v)	[numurs]

ir de ... (carro, etc.)	braukt ar ...	[braukt ar ...]
entrar no ...	iekāpt	[iɛka:pt]

descer do ...	izkāpt	[izka:pt]
parada (f)	pietura (s)	[pisetura]
próxima parada (f)	nākamā pietura (s)	[na:kama: pisetura]
terminal (m)	galapunkts (v)	[galapunkts]
horário (m)	saraksts (v)	[saraksts]
esperar (vt)	gaidīt	[gaidi:t]
passagem (f)	biļete (s)	[biļsete]
tarifa (f)	biļetes maksa (s)	[biļsetes maksa]
bilheteiro (m)	kasieris (v)	[kasiseris]
controle (m) de passagens	kontrole (s)	[kontrole]
revisor (m)	kontrolieris (v)	[kontrolisris]
atrasar-se (vr)	nokavēties	[nokave:tiss]
perder (o autocarro, etc.)	nokavēt ...	[nokave:t ...]
estar com pressa	steigties	[stsigtiss]
táxi (m)	taksometrs (v)	[taksometrs]
taxista (m)	taksists (v)	[taksists]
de táxi (ir ~)	ar taksometru	[ar taksometru]
ponto (m) de táxis	taksometru stāvvieta (s)	[taksometru sta:vvista]
chamar um táxi	izsaukt taksometru	[izsaukt taksometru]
pegar um táxi	nolīgt taksometru	[noli:gt taksometru]
tráfego (m)	satiksme (s)	[satiksme]
engarrafamento (m)	sastrēgums (v)	[sastrs:gums]
horas (f pl) de pico	maksimālās slodzes laiks (v)	[maksima:la:s slodzes laiks]
estacionar (vi)	novietot auto	[novistot auto]
estacionar (vt)	novietot auto	[novistot auto]
parque (m) de estacionamento	autostāvvieta (s)	[autosta:vvista]
metrô (m)	metro (v)	[metro]
estação (f)	stacija (s)	[statsija]
ir de metrô	braukt ar metro	[braukt ar metro]
trem (m)	vilciens (v)	[viltsisns]
estação (f) de trem	dzelzceļa stacija (s)	[dzelztssļa statsija]

57. Turismo

monumento (m)	piemineklis (v)	[pismineklis]
fortaleza (f)	cietoksnis (v)	[tsistoksnis]
palácio (m)	pils (s)	[pils]
castelo (m)	pils (s)	[pils]
torre (f)	tornis (v)	[tornis]
mausoléu (m)	mauzolejs (v)	[mauzolejs]
arquitetura (f)	arhitektūra (s)	[arxitektu:ra]
medieval (adj)	viduslaiku	[viduslaiku]
antigo (adj)	senlaiku	[senlaiku]
nacional (adj)	nacionāls	[natsiona:ls]
famoso, conhecido (adj)	slavens	[slavens]
turista (m)	tūrists (v)	[tu:rists]

guia (pessoa)	gids (v)	[gids]
excursão (f)	ekskursija (s)	[ekskursija]
mostrar (vt)	parādīt	[para:di:t]
contar (vt)	stāstīt	[sta:sti:t]

encontrar (vt)	atrast	[atrast]
perder-se (vr)	nomaldīties	[nɔmaldi:tiɛs]
mapa (~ do metrô)	shēma (s)	[sxɛ:ma]
mapa (~ da cidade)	plāns (v)	[pla:ns]

lembrança (f), presente (m)	suvenīrs (v)	[suveni:rs]
loja (f) de presentes	suvenīru veikals (v)	[suveni:ru vɛikals]
tirar fotos, fotografar	fotografēt	[fɔtɔgrafe:t]
fotografar-se (vr)	fotografēties	[fɔtɔgrafe:tiɛs]

58. Compras

comprar (vt)	pirkt	[pirkt]
compra (f)	pirkums (v)	[pirkums]
fazer compras	iepirkties	[iɛpirktiɛs]
compras (f pl)	iepirkšanās (s)	[iɛpirkʃana:s]

estar aberta (loja)	strādāt	[stra:da:t]
estar fechada	slēgties	[sle:gtiɛs]

calçado (m)	apavi (v dsk)	[apavi]
roupa (f)	apģērbs (v)	[apdʲe:rbs]
cosméticos (m pl)	kosmētika (s)	[kɔsme:tika]
alimentos (m pl)	pārtikas produkti (v dsk)	[pa:rtikas prɔdukti]
presente (m)	dāvana (s)	[da:vana]

vendedor (m)	pārdevējs (v)	[pa:rdɛve:js]
vendedora (f)	pārdevēja (s)	[pa:rdɛve:ja]

caixa (f)	kase (s)	[kase]
espelho (m)	spogulis (v)	[spɔgulis]
balcão (m)	lete (s)	[lɛte]
provador (m)	pielaikošanas kabīne (s)	[piɛlaikɔʃanas kabi:ne]

provar (vt)	pielaikot	[piɛlaikɔt]
servir (roupa, caber)	derēt	[dɛre:t]
gostar (apreciar)	patikt	[patikt]

preço (m)	cena (s)	[tsɛna]
etiqueta (f) de preço	cenas zīme (s)	[tsɛnas zi:me]
custar (vt)	maksāt	[maksa:t]
Quanto?	Cik?	[tsik?]
desconto (m)	atlaide (s)	[atlaide]

não caro (adj)	ne visai dārgs	[ne visai da:rgs]
barato (adj)	lēts	[le:ts]
caro (adj)	dārgs	[da:rgs]
É caro	Tas ir dārgi	[tas ir da:rgi]
aluguel (m)	noma (s)	[nɔma]

alugar (roupas, etc.)	paņemt nomā	[paɲemt nɔma:]
crédito (m)	kredīts (v)	[kredi:ts]
a crédito	uz kredīta	[uz kredi:ta]

59. Dinheiro

dinheiro (m)	nauda (s)	[nauda]
câmbio (m)	maiņa (s)	[maiɲa]
taxa (f) de câmbio	kurss (v)	[kurs]
caixa (m) eletrônico	bankomāts (v)	[bankɔma:ts]
moeda (f)	monēta (s)	[mɔnɛ:ta]

| dólar (m) | dolārs (v) | [dɔla:rs] |
| euro (m) | eiro (v) | [ɛirɔ] |

lira (f)	lira (s)	[lira]
marco (m)	marka (s)	[marka]
franco (m)	franks (v)	[franks]
libra (f) esterlina	sterliņu mārciņa (s)	[sterliɲu ma:rtsiɲa]
iene (m)	jena (s)	[jena]

dívida (f)	parāds (v)	[para:ds]
devedor (m)	parādnieks (v)	[para:dniɛks]
emprestar (vt)	aizdot	[aizdɔt]
pedir emprestado	aizņemties	[aizɲemtiɛs]

banco (m)	banka (s)	[banka]
conta (f)	konts (v)	[kɔnts]
depositar (vt)	noguldīt	[nɔguldi:t]
depositar na conta	noguldīt kontā	[nɔguldi:t kɔnta:]
sacar (vt)	izņemt no konta	[izɲemt nɔ kɔnta]

cartão (m) de crédito	kredītkarte (s)	[kredi:tkarte]
dinheiro (m) vivo	skaidra nauda (v)	[skaidra nauda]
cheque (m)	čeks (v)	[tʃeks]
passar um cheque	izrakstīt čeku	[izraksti:t tʃɛku]
talão (m) de cheques	čeku grāmatiņa (s)	[tʃɛku gra:matiɲa]

carteira (f)	maks (v)	[maks]
niqueleira (f)	maks (v)	[maks]
cofre (m)	seifs (v)	[sɛifs]

herdeiro (m)	mantinieks (v)	[mantiniɛks]
herança (f)	mantojums (v)	[mantɔjums]
fortuna (riqueza)	mantība (s)	[manti:ba]

arrendamento (m)	rentēšana (s)	[rente:ʃana]
aluguel (pagar o ~)	īres maksa (s)	[i:res maksa]
alugar (vt)	īrēt	[i:re:t]

preço (m)	cena (s)	[tsɛna]
custo (m)	vērtība (s)	[ve:rti:ba]
soma (f)	summa (s)	[summa]
gastar (vt)	tērēt	[tɛ:re:t]

gastos (m pl)	izdevumi (v dsk)	[izdɛvumi]
economizar (vi)	taupīt	[taupi:t]
econômico (adj)	taupīgs	[taupi:gs]
pagar (vt)	maksāt	[maksa:t]
pagamento (m)	samaksa (s)	[samaksa]
troco (m)	atlikums (v)	[atlikums]
imposto (m)	nodoklis (v)	[nɔdɔklis]
multa (f)	sods (v)	[sɔds]
multar (vt)	uzlikt naudas sodu	[uzlikt naudas sɔdu]

60. Correios. Serviço postal

agência (f) dos correios	pasts (v)	[pasts]
correio (m)	pasts (v)	[pasts]
carteiro (m)	pastnieks (v)	[pastniɛks]
horário (m)	darba laiks (v)	[darba laiks]
carta (f)	vēstule (s)	[ve:stule]
carta (f) registada	ierakstīta vēstule (s)	[iɛraksti:ta ve:stule]
cartão (m) postal	pastkarte (s)	[pastkarte]
telegrama (m)	telegramma (s)	[tɛlegramma]
encomenda (f)	sūtījums (v)	[su:ti:jums]
transferência (f) de dinheiro	naudas pārvedums (v)	[naudas pa:rvɛdums]
receber (vt)	saņemt	[saɲemt]
enviar (vt)	nosūtīt	[nɔsu:ti:t]
envio (m)	aizsūtīšana (s)	[aizsu:ti:ʃana]
endereço (m)	adrese (s)	[adrɛse]
código (m) postal	indekss (v)	[indeks]
remetente (m)	sūtītājs (v)	[su:ti:ta:js]
destinatário (m)	saņēmējs (v)	[saɲɛ:me:js]
nome (m)	vārds (v)	[va:rds]
sobrenome (m)	uzvārds (v)	[uzva:rds]
tarifa (f)	tarifs (v)	[tarifs]
ordinário (adj)	parasts	[parasts]
econômico (adj)	ekonomisks	[ekɔnɔmisks]
peso (m)	svars (v)	[svars]
pesar (estabelecer o peso)	svērt	[sve:rt]
envelope (m)	aploksne (s)	[aplɔksne]
selo (m) postal	marka (s)	[marka]
colar o selo	uzlīmēt marku	[uzli:me:t marku]

Moradia. Casa. Lar

61. Casa. Eletricidade

eletricidade (f)	elektrība (s)	[ɛlektri:ba]
lâmpada (f)	spuldze (s)	[spuldze]
interruptor (m)	izslēdzējs (v)	[izsle:dze:js]
fusível, disjuntor (m)	drošinātājs (v)	[droʃina:ta:js]
fio, cabo (m)	vads (v)	[vads]
instalação (f) elétrica	instalācija (s)	[instala:tsija]
medidor (m) de eletricidade	skaitītājs (v)	[skaiti:ta:js]
indicação (f), registro (m)	rādījums (v)	[ra:di:jums]

62. Moradia. Mansão

casa (f) de campo	ārpilsētas māja (s)	[a:rpilsɛ:tas ma:ja]
vila (f)	villa (s)	[villa]
ala (~ do edifício)	ēkas spārns (v)	[ɛ:kas spa:rns]
jardim (m)	dārzs (v)	[da:rzs]
parque (m)	parks (v)	[parks]
estufa (f)	oranžērija (s)	[oranʒe:rija]
cuidar de ...	kopt	[kɔpt]
piscina (f)	baseins (v)	[basɛins]
academia (f) de ginástica	sporta zāle (s)	[spɔrta za:le]
quadra (f) de tênis	tenisa laukums (v)	[tenisa laukums]
cinema (m)	kinoteātris (v)	[kinɔtea:tris]
garagem (f)	garāža (s)	[gara:ʒa]
propriedade (f) privada	privātīpašums (v)	[priva:ti:paʃums]
terreno (m) privado	privātīpašums (v)	[priva:ti:paʃums]
advertência (f)	brīdinājums (v)	[bri:dina:jums]
sinal (m) de aviso	brīdinājuma zīme (s)	[bri:dina:juma zi:me]
guarda (f)	apsardze (s)	[apsardze]
guarda (m)	apsargs (v)	[apsargs]
alarme (m)	signalizācija (s)	[signaliza:tsija]

63. Apartamento

apartamento (m)	dzīvoklis (v)	[dzi:vɔklis]
quarto, cômodo (m)	istaba (s)	[istaba]
quarto (m) de dormir	guļamistaba (s)	[guļamistaba]

sala (f) de jantar	ēdamistaba (s)	[ɛ:damistaba]
sala (f) de estar	viesistaba (s)	[viɛsistaba]
escritório (m)	kabinets (v)	[kabinets]

sala (f) de entrada	priekštelpa (s)	[priɛkʃtelpa]
banheiro (m)	vannas istaba (s)	[vannas istaba]
lavabo (m)	tualete (s)	[tualɛte]

teto (m)	griesti (v dsk)	[griɛsti]
chão, piso (m)	grīda (s)	[gri:da]
canto (m)	kakts (v)	[kakts]

64. Mobiliário. Interior

mobiliário (m)	mēbeles (s dsk)	[me:bɛles]
mesa (f)	galds (v)	[galds]
cadeira (f)	krēsls (v)	[kre:sls]
cama (f)	gulta (s)	[gulta]

sofá, divã (m)	dīvāns (v)	[di:va:ns]
poltrona (f)	atpūtas krēsls (v)	[atpu:tas kre:sls]

estante (f)	grāmatplaukts (v)	[gra:matplaukts]
prateleira (f)	plaukts (v)	[plaukts]

guarda-roupas (m)	drēbju skapis (v)	[dre:bju skapis]
cabide (m) de parede	pakaramais (v)	[pakaramais]
cabideiro (m) de pé	stāvpakaramais (v)	[sta:vpakaramais]

cômoda (f)	kumode (s)	[kumɔde]
mesinha (f) de centro	žurnālu galdiņš (v)	[ʒurna:lu galdiɲʃ]

espelho (m)	spogulis (v)	[spɔgulis]
tapete (m)	paklājs (v)	[pakla:js]
tapete (m) pequeno	paklājiņš (v)	[pakla:jiɲʃ]

lareira (f)	kamīns (v)	[kami:ns]
vela (f)	svece (s)	[svetse]
castiçal (m)	svečturis (v)	[svetʃturis]

cortinas (f pl)	aizkari (v dsk)	[aizkari]
papel (m) de parede	tapetes (s dsk)	[tapɛtes]
persianas (f pl)	žalūzijas (s dsk)	[ʒalu:zijas]

luminária (f) de mesa	galda lampa (s)	[galda lampa]
luminária (f) de parede	gaismeklis (v)	[gaismeklis]

abajur (m) de pé	stāvlampa (s)	[sta:vlampa]
lustre (m)	lustra (s)	[lustra]

pé (de mesa, etc.)	kāja (s)	[ka:ja]
braço, descanso (m)	elkoņa balsts (v)	[elkɔɲa balsts]
costas (f pl)	atzveltne (s)	[atzveltne]
gaveta (f)	atvilktne (s)	[atvilktne]

65. Quarto de dormir

roupa (f) de cama	gultas veļa (s)	[gultas vɛlʲa]
travesseiro (m)	spilvens (v)	[spilvens]
fronha (f)	spilvendrāna (s)	[spilvendra:na]
cobertor (m)	sega (s)	[sɛga]
lençol (m)	palags (v)	[palags]
colcha (f)	pārsegs (v)	[pa:rsegs]

66. Cozinha

cozinha (f)	virtuve (s)	[virtuve]
gás (m)	gāze (s)	[ga:ze]
fogão (m) a gás	gāzes plīts (v)	[ga:zes pli:ts]
fogão (m) elétrico	elektriskā plīts (v)	[ɛlektriska: pli:ts]
forno (m)	cepeškrāsns (v)	[tsɛpeʃkra:sns]
forno (m) de micro-ondas	mikroviļņu krāsns (v)	[mikrɔvilʲnu kra:sns]
geladeira (f)	ledusskapis (v)	[lɛduskapis]
congelador (m)	saldētava (s)	[saldɛ:tava]
máquina (f) de lavar louça	trauku mazgājamā mašīna (s)	[trauku mazga:jama: maʃi:na]
moedor (m) de carne	gaļas mašīna (s)	[galʲas maʃi:na]
espremedor (m)	sulu spiede (s)	[sulu spiɛde]
torradeira (f)	tosters (v)	[tɔstɛrs]
batedeira (f)	mikseris (v)	[mikseris]
máquina (f) de café	kafijas aparāts (v)	[kafijas apara:ts]
cafeteira (f)	kafijas kanna (s)	[kafijas kanna]
moedor (m) de café	kafijas dzirnaviņas (s)	[kafijas dzirnaviņas]
chaleira (f)	tējkanna (s)	[te:jkanna]
bule (m)	tējkanna (s)	[te:jkanna]
tampa (f)	vāciņš (v)	[va:tsiɲʃ]
coador (m) de chá	sietiņš (v)	[siɛtiɲʃ]
colher (f)	karote (s)	[karɔte]
colher (f) de chá	tējkarote (s)	[te:jkarɔte]
colher (f) de sopa	ēdamkarote (s)	[ɛ:damkarɔte]
garfo (m)	dakša (s)	[dakʃa]
faca (f)	nazis (v)	[nazis]
louça (f)	galda piederumi (v dsk)	[galda piɛdɛrumi]
prato (m)	šķīvis (v)	[ʃtʲi:vis]
pires (m)	apakštase (s)	[apakʃtase]
cálice (m)	glāzīte (s)	[gla:zi:te]
copo (m)	glāze (s)	[gla:ze]
xícara (f)	tase (s)	[tase]
açucareiro (m)	cukurtrauks (v)	[tsukurtrauks]
saleiro (m)	sālstrauks (v)	[sa:lstrauks]

pimenteiro (m)	**piparu trauciņš** (v)	[piparu trautsiɲʃ]
manteigueira (f)	**sviesta trauks** (v)	[sviɛsta trauks]

panela (f)	**kastrolis** (v)	[kastrɔlis]
frigideira (f)	**panna** (s)	[panna]
concha (f)	**smeļamkarote** (s)	[smɛlʲamkarɔte]
coador (m)	**caurduris** (v)	[tsaurduris]
bandeja (f)	**paplāte** (s)	[papla:te]

garrafa (f)	**pudele** (s)	[pudɛle]
pote (m) de vidro	**burka** (s)	[burka]
lata (~ de cerveja)	**bundža** (s)	[bundʒa]

abridor (m) de garrafa	**atvere** (s)	[atvɛre]
abridor (m) de latas	**atvere** (s)	[atvɛre]
saca-rolhas (m)	**korķviļķis** (v)	[kortʲvilʲtʲis]
filtro (m)	**filtrs** (v)	[filtrs]
filtrar (vt)	**filtrēt**	[filtre:t]

lixo (m)	**atkritumi** (v dsk)	[atkritumi]
lixeira (f)	**atkritumu tvertne** (s)	[atkritumu tvertne]

67. Casa de banho

banheiro (m)	**vannas istaba** (s)	[vannas istaba]
água (f)	**ūdens** (v)	[u:dens]
torneira (f)	**krāns** (v)	[kra:ns]
água (f) quente	**karsts ūdens** (v)	[karsts u:dens]
água (f) fria	**auksts ūdens** (v)	[auksts u:dens]

pasta (f) de dente	**zobu pasta** (s)	[zɔbu pasta]
escovar os dentes	**tīrīt zobus**	[ti:ri:t zobus]
escova (f) de dente	**zobu birste** (s)	[zɔbu birste]

barbear-se (vr)	**skūties**	[sku:tiɛs]
espuma (f) de barbear	**skūšanās putas** (s)	[sku:ʃana:s putas]
gilete (f)	**skuveklis** (v)	[skuveklis]

lavar (vt)	**mazgāt**	[mazga:t]
tomar banho	**mazgāties**	[mazga:tiɛs]
chuveiro (m), ducha (f)	**duša** (s)	[duʃa]
tomar uma ducha	**iet dušā**	[iɛt duʃa:]

banheira (f)	**vanna** (s)	[vanna]
vaso (m) sanitário	**klozetpods** (v)	[klɔzetpods]
pia (f)	**izlietne** (s)	[izliɛtne]

sabonete (m)	**ziepes** (s dsk)	[ziɛpes]
saboneteira (f)	**ziepju trauks** (v)	[ziɛpju trauks]

esponja (f)	**sūklis** (v)	[su:klis]
xampu (m)	**šampūns** (v)	[ʃampu:ns]
toalha (f)	**dvielis** (v)	[dviɛlis]
roupão (m) de banho	**halāts** (v)	[xala:ts]

lavagem (f)	veļas mazgāšana (s)	[vɛlʲas mazga:ʃana]
lavadora (f) de roupas	veļas mazgājamā mašīna (s)	[vɛlʲas mazga:jama: maʃi:na]
lavar a roupa	mazgāt veļu	[mazga:t vɛlʲu]
detergente (m)	veļas pulveris (v)	[vɛlʲas pulveris]

68. Eletrodomésticos

televisor (m)	televizors (v)	[tɛlevizɔrs]
gravador (m)	magnetofons (v)	[magnetɔfɔns]
videogravador (m)	videomagnetofons (v)	[videɔmagnetɔfɔns]
rádio (m)	radio uztvērējs (v)	[radiɔ uztvɛ:re:js]
leitor (m)	atskaņotājs (v)	[atskaɲɔta:js]

projetor (m)	video projektors (v)	[videɔ prɔjektɔrs]
cinema (m) em casa	mājas kinoteātris (v)	[ma:jas kinɔtea:tris]
DVD Player (m)	DVD atskaņotājs (v)	[dvd atskaɲɔta:js]
amplificador (m)	pastiprinātājs (v)	[pastiprina:ta:js]
console (f) de jogos	spēļu konsole (s)	[spɛ:lʲu kɔnsɔle]

câmera (f) de vídeo	videokamera (s)	[videɔkamɛra]
máquina (f) fotográfica	fotoaparāts (v)	[fɔtɔapara:ts]
câmera (f) digital	digitālais fotoaparāts (v)	[digita:lais fɔtɔapara:ts]

aspirador (m)	putekļu sūcējs (v)	[puteklʲu su:tse:js]
ferro (m) de passar	gludeklis (v)	[gludeklis]
tábua (f) de passar	gludināmais dēlis (v)	[gludina:mais de:lis]

telefone (m)	tālrunis (v)	[ta:lrunis]
celular (m)	mobilais tālrunis (v)	[mɔbilais ta:lrunis]
máquina (f) de escrever	rakstāmmašīna (s)	[raksta:mmaʃi:na]
máquina (f) de costura	šujmašīna (s)	[ʃujmaʃi:na]

microfone (m)	mikrofons (v)	[mikrɔfɔns]
fone (m) de ouvido	austiņas (s dsk)	[austiɲas]
controle remoto (m)	pults (v)	[pults]

CD (m)	kompaktdisks (v)	[kɔmpaktdisks]
fita (f) cassete	kasete (s)	[kasɛte]
disco (m) de vinil	plate (s)	[plate]

ATIVIDADES HUMANAS

Emprego. Negócios. Parte 1

69. Escritório. O trabalho no escritório

escritório (~ de advogados)	birojs (v)	[birɔjs]
escritório (do diretor, etc.)	kabinets (v)	[kabinets]
recepção (f)	reģistratūra (s)	[redʲistratu:ra]
secretário (m)	sekretārs (v)	[sekrɛta:rs]
secretária (f)	sekretāre (s)	[sekrɛta:re]
diretor (m)	direktors (v)	[direktɔrs]
gerente (m)	menedžeris (v)	[mɛnedʒeris]
contador (m)	grāmatvedis (v)	[gra:matvedis]
empregado (m)	darbinieks (v)	[darbiniɛks]
mobiliário (m)	mēbeles (s dsk)	[me:bɛles]
mesa (f)	galds (v)	[galds]
cadeira (f)	krēsls (v)	[kre:sls]
gaveteiro (m)	atvilktņu bloks (v)	[atvilktņu blɔks]
cabideiro (m) de pé	stāvpakaramais (v)	[sta:vpakaramais]
computador (m)	dators (v)	[datɔrs]
impressora (f)	printeris (v)	[printeris]
fax (m)	fakss (v)	[faks]
fotocopiadora (f)	kopējamais aparāts (v)	[kɔpe:jamais apara:ts]
papel (m)	papīrs (v)	[papi:rs]
artigos (m pl) de escritório	kancelejas preces (s dsk)	[kantsɛlejas pretses]
tapete (m) para mouse	paliktnis (v)	[paliktnis]
folha (f)	lapa (s)	[lapa]
pasta (f)	mape (s)	[mape]
catálogo (m)	katalogs (v)	[katalɔgs]
lista (f) telefônica	rokasgrāmata (s)	[rɔkasgra:mata]
documentação (f)	dokumentācija (s)	[dɔkumenta:tsija]
brochura (f)	brošūra (s)	[brɔʃu:ra]
panfleto (m)	skrejlapa (s)	[skrejlapa]
amostra (f)	paraugs (v)	[paraugs]
formação (f)	praktiskā nodarbība (s)	[praktiska: nɔdarbi:ba]
reunião (f)	sapulce (s)	[sapultse]
hora (f) de almoço	pusdienu pārtraukums (v)	[pusdiɛnu pa:rtraukums]
fazer uma cópia	kopēt	[kɔpe:t]
tirar cópias	pavairot	[pavairɔt]
receber um fax	saņemt faksu	[saņemt faksu]
enviar um fax	sūtīt faksu	[su:ti:t faksu]

fazer uma chamada	piezvanīt	[piɛzvani:t]
responder (vt)	atbildēt	[atbilde:t]
passar (vt)	savienot	[saviɛnɔt]

marcar (vt)	nozīmēt	[nɔzi:me:t]
demonstrar (vt)	demonstrēt	[demɔnstre:t]
estar ausente	nebūt klāt	[nɛbu:t kla:t]
ausência (f)	kavējums (v)	[kave:jums]

70. Processos negociais. Parte 1

negócio (m)	darīšanas (s dsk)	[dari:ʃanas]
ocupação (f)	process (v)	[prɔtses]
firma, empresa (f)	firma (s)	[firma]
companhia (f)	kompānija (s)	[kɔmpa:nija]
corporação (f)	korporācija (s)	[kɔrpɔra:tsija]
empresa (f)	uzņēmums (v)	[uzɲɛ:mums]
agência (f)	aģentūra (s)	[adʲentu:ra]

acordo (documento)	līgums (v)	[li:gums]
contrato (m)	līgums (v)	[li:gums]
acordo (transação)	darījums (v)	[dari:jums]
pedido (m)	pasūtījums (v)	[pasu:ti:jums]
termos (m pl)	nosacījums (v)	[nɔsatsi:jums]

por atacado	vairumā	[vairuma:]
por atacado (adj)	vairum-	[vairum-]
venda (f) por atacado	vairumtirdzniecība (s)	[vairumtirdzniɛtsi:ba]
a varejo	mazumtirdzniecības-	[mazumtirdzniɛtsi:bas-]
venda (f) a varejo	mazumtirdzniecība (s)	[mazumtirdzniɛtsi:ba]

concorrente (m)	konkurents (v)	[kɔnkurents]
concorrência (f)	konkurence (s)	[kɔnkurentse]
competir (vi)	konkurēt	[kɔnkure:t]

| sócio (m) | partneris (v) | [partneris] |
| parceria (f) | partnerība (s) | [partneri:ba] |

crise (f)	krīze (s)	[kri:ze]
falência (f)	bankrots (v)	[bankrɔts]
entrar em falência	bankrotēt	[bankrɔte:t]
dificuldade (f)	grūtības (s dsk)	[gru:ti:bas]
problema (m)	problēma (s)	[prɔblɛ:ma]
catástrofe (f)	katastrofa (s)	[katastrɔfa]

economia (f)	ekonomika (s)	[ekɔnɔmika]
econômico (adj)	ekonomisks	[ekɔnɔmisks]
recessão (f) econômica	ekonomikas lejupeja (s)	[ekɔnɔmikas lejupeja]

| objetivo (m) | mērķis (v) | [me:rtʲis] |
| tarefa (f) | uzdevums (v) | [uzdɛvums] |

| comerciar (vi, vt) | tirgot | [tirgɔt] |
| rede (de distribuição) | tīkls (v) | [ti:kls] |

estoque (m)	noliktava (s)	[nɔliktava]
sortimento (m)	sortiments (v)	[sɔrtiments]
líder (m)	līderis (v)	[li:deris]
grande (~ empresa)	liels	[liɛls]
monopólio (m)	monopols (v)	[mɔnɔpɔls]
teoria (f)	teorija (s)	[teɔrija]
prática (f)	prakse (s)	[prakse]
experiência (f)	pieredze (s)	[piɛredze]
tendência (f)	tendence (s)	[tendentse]
desenvolvimento (m)	attīstība (s)	[atti:sti:ba]

71. Processos negociais. Parte 2

rentabilidade (f)	labums (v)	[labums]
rentável (adj)	izdevīgs	[izdevi:gs]
delegação (f)	delegācija (s)	[delɛga:tsija]
salário, ordenado (m)	darba alga (s)	[darba alga]
corrigir (~ um erro)	labot	[labɔt]
viagem (f) de negócios	komandējums (v)	[kɔmande:jums]
comissão (f)	komisija (s)	[kɔmisija]
controlar (vt)	kontrolēt	[kɔntrɔle:t]
conferência (f)	konference (s)	[kɔnfɛrentse]
licença (f)	licence (s)	[litsentse]
confiável (adj)	uzticams	[uztitsams]
empreendimento (m)	pasākums (v)	[pasa:kums]
norma (f)	norma (s)	[nɔrma]
circunstância (f)	apstāklis (v)	[apsta:klis]
dever (do empregado)	pienākums (v)	[piɛna:kums]
empresa (f)	organizācija (s)	[ɔrganiza:tsija]
organização (f)	organizēšana (s)	[ɔrganize:ʃana]
organizado (adj)	organizēts	[ɔrganize:ts]
anulação (f)	atcelšana (s)	[attselʃana]
anular, cancelar (vt)	atcelt	[attselt]
relatório (m)	atskaite (s)	[atskaite]
patente (f)	patents (v)	[patents]
patentear (vt)	patentēt	[patente:t]
planejar (vt)	plānot	[pla:nɔt]
bônus (m)	prēmija (s)	[pre:mija]
profissional (adj)	profesionāls	[prɔfesiɔna:ls]
procedimento (m)	procedūra (s)	[prɔtsɛdu:ra]
examinar (~ a questão)	izskatīt	[izskati:t]
cálculo (m)	aprēķins (v)	[apre:t'ins]
reputação (f)	reputācija (s)	[rɛputa:tsija]
risco (m)	risks (v)	[risks]
dirigir (~ uma empresa)	vadīt	[vadi:t]

informação (f)	ziņas (s dsk)	[ziɲas]
propriedade (f)	īpašums (v)	[i:paʃums]
união (f)	savienība (s)	[saviɛni:ba]

seguro (m) de vida	dzīvības apdrošināšana (s)	[dzi:vi:bas apdrɔʃina:ʃana]
fazer um seguro	apdrošināt	[apdrɔʃina:t]
seguro (m)	apdrošināšana (s)	[apdrɔʃina:ʃana]

leilão (m)	izsole (s)	[izsɔle]
notificar (vt)	paziņot	[paziɲɔt]
gestão (f)	vadīšana (s)	[vadi:ʃana]
serviço (indústria de ~s)	pakalpojums (v)	[pakalpɔjums]

fórum (m)	forums (v)	[fɔrums]
funcionar (vi)	funkcionēt	[funktsiɔne:t]
estágio (m)	posms (v)	[pɔsms]
jurídico, legal (adj)	juridisks	[juridisks]
advogado (m)	jurists (v)	[jurists]

72. Produção. Trabalhos

usina (f)	rūpnīca (s)	[ru:pni:tsa]
fábrica (f)	fabrika (s)	[fabrika]
oficina (f)	cehs (v)	[tsexs]
local (m) de produção	rūpniecības nozare (s)	[ru:pniɛtsi:bas nɔzare]

indústria (f)	rūpniecība (s)	[ru:pniɛtsi:ba]
industrial (adj)	rūpniecisks	[ru:pniɛtsisks]
indústria (f) pesada	smagā rūpniecība (s)	[smaga: ru:pniɛtsi:ba]
indústria (f) ligeira	vieglā rūpniecība (s)	[viɛgla: ru:pniɛtsi:ba]

produção (f)	produkcija (s)	[prɔduktsija]
produzir (vt)	ražot	[raʒɔt]
matérias-primas (f pl)	izejviela (s)	[izejviɛla]

chefe (m) de obras	brigadieris (v)	[brigadiɛris]
equipe (f)	brigāde (s)	[briga:de]
operário (m)	strādnieks (v)	[stra:dniɛks]

dia (m) de trabalho	darba diena (s)	[darba diɛna]
intervalo (m)	pārtraukums (v)	[pa:rtraukums]
reunião (f)	sapulce (s)	[sapultse]
discutir (vt)	apspriest	[apspriɛst]

plano (m)	plāns (v)	[pla:ns]
cumprir o plano	izpildīt plānu	[izpildi:t pla:nu]
taxa (f) de produção	norma (s)	[nɔrma]
qualidade (f)	kvalitāte (s)	[kvalita:te]
controle (m)	kontrole (s)	[kɔntrole]
controle (m) da qualidade	kvalitātes kontrole (s)	[kvalita:tes kɔntrole]

segurança (f) no trabalho	darba drošība (s)	[darba drɔʃi:ba]
disciplina (f)	disciplīna (s)	[distsipli:na]
infração (f)	pārkāpums (v)	[pa:rka:pums]

violar (as regras)	pārkāpt	[pa:rka:pt]
greve (f)	streiks (v)	[strɛiks]
grevista (m)	streikotājs (v)	[strɛikɔta:js]
estar em greve	streikot	[strɛikɔt]
sindicato (m)	arodbiedrība (s)	[arɔdbiɛdri:ba]

inventar (vt)	izgudrot	[izgudrɔt]
invenção (f)	izgudrojums (v)	[izgudrɔjums]
pesquisa (f)	pētījums (v)	[pe:ti:jums]
melhorar (vt)	uzlabot	[uzlabɔt]
tecnologia (f)	tehnoloģija (s)	[texnɔlɔdⁱija]
desenho (m) técnico	rasējums (v)	[rase:jums]

carga (f)	krava (s)	[krava]
carregador (m)	krāvējs (v)	[kra:ve:js]
carregar (o caminhão, etc.)	iekraut	[iɛkraut]
carregamento (m)	iekraušana (s)	[iɛkrauʃana]
descarregar (vt)	izkraut	[izkraut]
descarga (f)	izkraušana (s)	[izkrauʃana]

transporte (m)	transports (v)	[transpɔrts]
companhia (f) de transporte	transporta kompānija (s)	[transpɔrta kɔmpa:nija]
transportar (vt)	transportēt	[transpɔrte:t]

vagão (m) de carga	vagons (v)	[vagɔns]
tanque (m)	cisterna (s)	[tsisterna]
caminhão (m)	kravas automašīna (s)	[kravas autɔmaʃi:na]

| máquina (f) operatriz | darbmašīna (s) | [darbmaʃi:na] |
| mecanismo (m) | mehānisms (v) | [mexa:nisms] |

resíduos (m pl) industriais	atkritumi (v dsk)	[atkritumi]
embalagem (f)	iesaiņošana (s)	[iɛsaiɲɔʃana]
embalar (vt)	iesaiņot	[iɛsaiɲɔt]

73. Contrato. Acordo

contrato (m)	līgums (v)	[li:gums]
acordo (m)	vienošanās (s)	[viɛnɔʃana:s]
adendo, anexo (m)	pielikums (v)	[piɛlikums]

assinar o contrato	noslēgt līgumu	[nɔsle:gt li:gumu]
assinatura (f)	paraksts (v)	[paraksts]
assinar (vt)	parakstīt	[paraksti:t]
carimbo (m)	zīmogs (v)	[zi:mɔgs]

objeto (m) do contrato	līguma priekšmets (v)	[li:guma priɛkʃmets]
cláusula (f)	punkts (v)	[punkts]
partes (f pl)	puses (s dsk)	[puses]
domicílio (m) legal	juridiska adrese (s)	[juridiska adrɛse]

violar o contrato	pārkāpt līgumu	[pa:rka:pt li:gumu]
obrigação (f)	pienākums (v)	[piɛna:kums]
responsabilidade (f)	atbildība (s)	[atbildi:ba]

força (f) maior	nepārvarama vara (s)	[nɛpa:rvarama vara]
litígio (m), disputa (f)	strīds (v)	[stri:ds]
multas (f pl)	soda sankcijas (s dsk)	[sɔda sanktsijas]

74. Importação & Exportação

importação (f)	imports (v)	[impɔrts]
importador (m)	importētājs (v)	[impɔrtɛ:ta:js]
importar (vt)	importēt	[impɔrte:t]
de importação	importa-	[impɔrta-]

exportação (f)	eksports (v)	[ekspɔrts]
exportador (m)	eksportētājs (v)	[ekspɔrtɛ:ta:js]
exportar (vt)	eksportēt	[ekspɔrte:t]
de exportação	eksporta	[ekspɔrta]

| mercadoria (f) | prece (s) | [pretse] |
| lote (de mercadorias) | partija (s) | [partija] |

peso (m)	svars (v)	[svars]
volume (m)	apjoms (v)	[apjɔms]
metro (m) cúbico	kubikmetrs (v)	[kubikmetrs]

produtor (m)	ražotājs (v)	[raʒota:js]
companhia (f) de transporte	transporta kompānija (s)	[transpɔrta kɔmpa:nija]
contêiner (m)	konteiners (v)	[kɔntɛinɛrs]

fronteira (f)	robeža (s)	[rɔbeʒa]
alfândega (f)	muita (s)	[muita]
taxa (f) alfandegária	muitas nodeva (s)	[muitas nɔdɛva]
funcionário (m) da alfândega	muitas ierēdnis (v)	[muitas iɛre:dnis]
contrabando (atividade)	kontrabanda (s)	[kɔntrabanda]
contrabando (produtos)	kontrabanda (s)	[kɔntrabanda]

75. Finanças

ação (f)	akcija (s)	[aktsija]
obrigação (f)	obligācija (s)	[ɔbliga:tsija]
nota (f) promissória	vekselis (v)	[vekselis]

| bolsa (f) de valores | birža (s) | [birʒa] |
| cotação (m) das ações | akciju kurss (v) | [aktsiju kurs] |

| tornar-se mais barato | kļūt lētākam | [klʲu:t lɛ:ta:kam] |
| tornar-se mais caro | kļūt dārgākam | [klʲu:t da:rga:kam] |

parte (f)	akcija, paja (s)	[aktsija], [paja]
participação (f) majoritária	kontroles pakete (s)	[kɔntrɔles pakɛte]
investimento (m)	investīcijas (s dsk)	[investi:tsijas]
investir (vt)	investēt	[investe:t]
porcentagem (f)	procents (v)	[prɔtsents]
juros (m pl)	procenti (v dsk)	[prɔtsenti]

lucro (m)	pelņa (s)	[pelʲɲa]
lucrativo (adj)	ienesīgs	[iɛnesi:gs]
imposto (m)	nodoklis (v)	[nɔdɔklis]

divisa (f)	valūta (s)	[valu:ta]
nacional (adj)	nacionāls	[natsiɔna:ls]
câmbio (m)	apmaiņa (s)	[apmaiɲa]

| contador (m) | grāmatvedis (v) | [gra:matvedis] |
| contabilidade (f) | grāmatvedība (s) | [gra:matvedi:ba] |

falência (f)	bankrots (v)	[bankrɔts]
falência, quebra (f)	krahs (v)	[kraxs]
ruína (f)	izputēšana (s)	[izpute:ʃana]
estar quebrado	izputēt	[izpute:t]
inflação (f)	inflācija (s)	[infla:tsija]
desvalorização (f)	devalvācija (s)	[dɛvalva:tsija]

capital (m)	kapitāls (v)	[kapita:ls]
rendimento (m)	ienākums (v)	[iɛna:kums]
volume (m) de negócios	apgrieziens (v)	[apgriɛziɛns]
recursos (m pl)	resursi (v dsk)	[rɛsursi]
recursos (m pl) financeiros	naudas līdzekļi (v dsk)	[naudas li:dzeklʲi]

| despesas (f pl) gerais | pieskaitāmie izdevumi (v dsk) | [piɛskaita:miɛ izdɛvumi] |
| reduzir (vt) | samazināt | [samazina:t] |

76. Marketing

marketing (m)	mārketings (v)	[ma:rketiŋgs]
mercado (m)	tirgus (v)	[tirgus]
segmento (m) do mercado	tirgus segments (v)	[tirgus segments]
produto (m)	produkts (v)	[prɔdukts]
mercadoria (f)	prece (s)	[pretse]

marca (f)	zīmols (v)	[zi:mɔls]
marca (f) registrada	tirdzniecības zīme (s)	[tirdzniɛtsi:bas zi:me]
logotipo (m)	firmas zīme (s)	[firmas zi:me]
logo (m)	logotips (v)	[lɔgɔtips]

demanda (f)	pieprasījums (v)	[piɛprasi:jums]
oferta (f)	piedāvājums (v)	[piɛda:va:jums]
necessidade (f)	vajadzība (s)	[vajadzi:ba]
consumidor (m)	patērētājs (v)	[patɛ:rɛ:ta:js]

| análise (f) | analīze (s) | [anali:ze] |
| analisar (vt) | analizēt | [analize:t] |

| posicionamento (m) | pozicionēšana (s) | [pɔzitsiɔne:ʃana] |
| posicionar (vt) | pozicionēt | [pɔzitsiɔne:t] |

preço (m)	cena (s)	[tsɛna]
política (f) de preços	cenu politika (s)	[tsenu pɔlitika]
formação (f) de preços	cenu izveidošana (s)	[tsenu izvɛidɔʃana]

77. Publicidade

publicidade (f)	reklāma (s)	[rekla:ma]
fazer publicidade	reklamēt	[reklame:t]
orçamento (m)	budžets (v)	[budʒets]
anúncio (m)	reklāma (s)	[rekla:ma]
publicidade (f) na TV	telereklāma (s)	[tɛlɛrekla:ma]
publicidade (f) na rádio	radioreklāma (s)	[radiɔrekla:ma]
publicidade (f) exterior	ārējā reklāma (s)	[a:re:ja: rekla:ma]
comunicação (f) de massa	masu informācijas līdzekļi (v dsk)	[masu infɔrma:tsijas li:dzeklʲi]
periódico (m)	periodisks izdevums (v)	[periɔdisks izdɛvums]
imagem (f)	imidžs (v)	[imidʒs]
slogan (m)	lozungs (v)	[lɔzuŋgs]
mote (m), lema (f)	devīze (s)	[devi:ze]
campanha (f)	kampaņa (s)	[kampaɲa]
campanha (f) publicitária	reklāmas kampaņa (s)	[rekla:mas kampaɲa]
grupo (m) alvo	mērķa auditorija (s)	[me:rtʲa auditɔrija]
cartão (m) de visita	vizītkarte (s)	[vizi:tkarte]
panfleto (m)	skrejlapa (s)	[skrejlapa]
brochura (f)	brošūra (s)	[brɔʃu:ra]
folheto (m)	buklets (v)	[buklets]
boletim (~ informativo)	slimības lapa (s)	[slimi:bas lapa]
letreiro (m)	izkārtne (s)	[izka:rtne]
cartaz, pôster (m)	plakāts (v)	[plaka:ts]
painel (m) publicitário	reklāmu dēlis (v)	[rekla:mu de:lis]

78. Banca

banco (m)	banka (s)	[banka]
balcão (f)	nodaļa (s)	[nɔdalʲa]
consultor (m) bancário	konsultants (v)	[kɔnsultants]
gerente (m)	pārvaldnieks (v)	[pa:rvaldniɛks]
conta (f)	konts (v)	[kɔnts]
número (m) da conta	konta numurs (v)	[kɔnta numurs]
conta (f) corrente	tekošais konts (v)	[tekɔʃais kɔnts]
conta (f) poupança	iekrājumu konts (v)	[iɛkra:jumu kɔnts]
abrir uma conta	atvērt kontu	[atve:rt kɔntu]
fechar uma conta	aizvērt kontu	[aizve:rt kɔntu]
depositar na conta	nolikt kontā	[nɔlikt kɔnta:]
sacar (vt)	izņemt no konta	[izɲemt nɔ kɔnta]
depósito (m)	ieguldījums (v)	[iɛguldi:jums]
fazer um depósito	veikt ieguldījumu	[vɛikt iɛguldi:jumu]

| transferência (f) bancária | pārskaitījums (v) | [pa:rskaiti:jums] |
| transferir (vt) | pārskaitīt | [pa:rskaiti:t] |

| soma (f) | summa (s) | [summa] |
| Quanto? | Cik? | [tsik?] |

| assinatura (f) | paraksts (v) | [paraksts] |
| assinar (vt) | parakstīt | [paraksti:t] |

cartão (m) de crédito	kredītkarte (s)	[kredi:tkarte]
senha (f)	kods (v)	[kɔds]
número (m) do cartão de crédito	kredītkartes numurs (v)	[kredi:tkartes numurs]
caixa (m) eletrônico	bankomāts (v)	[bankɔma:ts]

cheque (m)	čeks (v)	[tʃeks]
passar um cheque	izrakstīt čeku	[izraksti:t tʃɛku]
talão (m) de cheques	čeku grāmatiņa (s)	[tʃɛku gra:matiɲa]

empréstimo (m)	kredīts (v)	[kredi:ts]
pedir um empréstimo	griezties pēc kredīta	[griɛzties pe:ts kredi:ta]
obter empréstimo	ņemt kredītu	[ɲemt kredi:tu]
dar um empréstimo	dot kredītu	[dɔt kredi:tu]
garantia (f)	garantija (s)	[garantija]

79. Telefone. Conversação telefônica

telefone (m)	tālrunis (v)	[ta:lrunis]
celular (m)	mobilais tālrunis (v)	[mɔbilais ta:lrunis]
secretária (f) eletrônica	autoatbildētājs (v)	[autɔatbildɛ:ta:js]

| fazer uma chamada | zvanīt | [zvani:t] |
| chamada (f) | zvans (v) | [zvans] |

discar um número	uzgriezt telefona numuru	[uzgriɛzt tɛlefɔna numuru]
Alô!	Hallo!	[xallɔ!]
perguntar (vt)	pajautāt	[pajauta:t]
responder (vt)	atbildēt	[atbilde:t]

ouvir (vt)	dzirdēt	[dzirde:t]
bem	labi	[labi]
mal	slikti	[slikti]
ruído (m)	traucējumi (v dsk)	[trautse:jumi]

fone (m)	klausule (s)	[klausule]
pegar o telefone	noņemt klausuli	[nɔɲemt klausuli]
desligar (vi)	nolikt klausuli	[nɔlikt klausuli]

ocupado (adj)	aizņemts	[aizɲemts]
tocar (vi)	zvanīt	[zvani:t]
lista (f) telefônica	telefona grāmata (s)	[tɛlefɔna gra:mata]

| local (adj) | vietējais | [viɛte:jais] |
| chamada (f) local | vietējais zvans (v) | [viɛte:jais zvans] |

de longa distância	**starppilsētu**	[starppilsɛ:tu]
chamada (f) de longa distância	**starppilsētu zvans** (v)	[starppilsɛ:tu zvans]
internacional (adj)	**starptautiskais**	[starptautiskais]
chamada (f) internacional	**starptautiskais zvans** (v)	[starptautiskais zvans]

80. Telefone móvel

celular (m)	**mobilais tālrunis** (v)	[mɔbilais ta:lrunis]
tela (f)	**displejs** (v)	[displejs]
botão (m)	**poga** (s)	[pɔga]
cartão SIM (m)	**SIM-karte** (s)	[sim-karte]
bateria (f)	**baterija** (s)	[baterija]
descarregar-se (vr)	**izlādēties**	[izla:de:tiɛs]
carregador (m)	**uzlādes ierīce** (s)	[uzla:des iɛri:tse]
menu (m)	**izvēlne** (s)	[izve:lne]
configurações (f pl)	**uzstādījumi** (v dsk)	[uzsta:di:jumi]
melodia (f)	**melodija** (s)	[melɔdija]
escolher (vt)	**izvēlēties**	[izvɛ:le:tiɛs]
calculadora (f)	**kalkulators** (v)	[kalkulatɔrs]
correio (m) de voz	**autoatbildētājs** (v)	[autɔatbildɛ:ta:js]
despertador (m)	**modinātājs** (v)	[mɔdina:ta:js]
contatos (m pl)	**telefona grāmata** (s)	[tɛlefɔna gra:mata]
mensagem (f) de texto	**SMS-ziņa** (s)	[sms-ziɲa]
assinante (m)	**abonents** (v)	[abɔnents]

81. Estacionário

caneta (f)	**lodīšu pildspalva** (s)	[lɔdi:ʃu pildspalva]
caneta (f) tinteiro	**spalvaskāts** (v)	[spalvaska:ts]
lápis (m)	**zīmulis** (v)	[zi:mulis]
marcador (m) de texto	**marķieris** (v)	[martʲiɛris]
caneta (f) hidrográfica	**flomasteris** (v)	[flɔmasteris]
bloco (m) de notas	**bloknots** (v)	[blɔknɔts]
agenda (f)	**dienasgrāmata** (s)	[diɛnasgra:mata]
régua (f)	**lineāls** (v)	[linea:ls]
calculadora (f)	**kalkulators** (v)	[kalkulatɔrs]
borracha (f)	**dzēšgumija** (s)	[dze:ʃgumija]
alfinete (m)	**piespraude** (s)	[piɛspraude]
clipe (m)	**saspraude** (s)	[saspraude]
cola (f)	**līme** (s)	[li:me]
grampeador (m)	**skavotājs** (v)	[skavɔta:js]
furador (m) de papel	**caurumotājs** (v)	[tsaurumɔta:js]
apontador (m)	**zīmuļu asināmais** (v)	[zi:mulʲu asina:mais]

82. Tipos de negócios

serviços (m pl) de contabilidade	grāmatvežu pakalpojumi (v dsk)	[gra:matveʒu pakalpɔjumi]
publicidade (f)	reklāma (s)	[rekla:ma]
agência (f) de publicidade	reklāmas aģentūra (s)	[rekla:mas adʲentu:ra]
ar (m) condicionado	kondicionieri (v dsk)	[kɔnditsiɔniɛri]
companhia (f) aérea	aviokompānija (s)	[aviɔkɔmpa:nija]

bebidas (f pl) alcoólicas	alkoholiskie dzērieni (v dsk)	[alkɔxɔliskiɛ dze:riɛni]
comércio (m) de antiguidades	antikvariāts (v)	[antikvaria:ts]
galeria (f) de arte	mākslas galerija (s)	[ma:kslas galerija]
serviços (m pl) de auditoria	audita pakalpojumi (v dsk)	[audita pakalpɔjumi]

negócios (m pl) bancários	banku bizness (v)	[banku biznes]
bar (m)	bārs (v)	[ba:rs]
salão (m) de beleza	skaistuma salons (v)	[skaistuma salɔns]
livraria (f)	grāmatnīca (s)	[gra:matni:tsa]
cervejaria (f)	alus darītava (s)	[alus dari:tava]
centro (m) de escritórios	bizness-centrs (v)	[biznes-tsentrs]
escola (f) de negócios	bizness-skola (s)	[biznes-skɔla]

cassino (m)	kazino (v)	[kazinɔ]
construção (f)	būvniecība (s)	[bu:vniɛtsi:ba]
consultoria (f)	konsultācijas (s dsk)	[kɔnsulta:tsijas]

clínica (f) dentária	stomatoloģija (s)	[stɔmatɔlɔdʲija]
design (m)	dizains (v)	[dizains]
drogaria (f)	aptieka (s)	[aptiɛka]
lavanderia (f)	ķīmiskā tīrītava (s)	[tʲi:miska: ti:ri:tava]
agência (f) de emprego	nodarbinātības aģentūra (s)	[nɔdarbina:ti:bas adʲentu:ra]

serviços (m pl) financeiros	finanšu pakalpojumi (v dsk)	[finanʃu pakalpɔjumi]
alimentos (m pl)	pārtikas produkti (v dsk)	[pa:rtikas prɔdukti]
funerária (f)	apbedīšanas birojs (v)	[apbedi:ʃanas birɔjs]
mobiliário (m)	mēbeles (s dsk)	[me:bɛles]
roupa (f)	apģērbs (v)	[apdʲe:rbs]
hotel (m)	viesnīca (s)	[viɛsni:tsa]

sorvete (m)	saldējums (v)	[salde:jums]
indústria (f)	rūpniecība (s)	[ru:pniɛtsi:ba]
seguro (~ de vida, etc.)	apdrošināšana (s)	[apdrɔʃina:ʃana]
internet (f)	internets (v)	[internets]
investimento (m)	investīcijas (s dsk)	[investi:tsijas]

joalheiro (m)	juvelieris (v)	[juveliɛris]
joias (f pl)	juvelieru izstrādājumi (v dsk)	[juveliɛru izstra:da:jumi]
lavanderia (f)	veļas mazgātava (s)	[vɛlʲas mazga:tava]
assessorias (f pl) jurídicas	juristu pakalpojumi (v dsk)	[juristu pakalpɔjumi]
indústria (f) ligeira	vieglā rūpniecība (s)	[viɛgla: ru:pniɛtsi:ba]

revista (f)	žurnāls (v)	[ʒurna:ls]
vendas (f pl) por catálogo	tirdzniecība pēc katalogu (s)	[tirdzniɛtsi:ba pe:ts katalɔgu]
medicina (f)	medicīna (s)	[meditsi:na]
cinema (m)	kinoteātris (v)	[kinɔtea:tris]

museu (m)	muzejs (v)	[muzejs]
agência (f) de notícias	informāciju aģentūra (s)	[informa:tsiju adⁱentu:ra]
jornal (m)	laikraksts (v)	[laikraksts]
boate (casa noturna)	naktsklubs (v)	[naktsklubs]
petróleo (m)	nafta (s)	[nafta]
serviços (m pl) de remessa	kurjeru dienests (v)	[kurjeru diɛnests]
indústria (f) farmacêutica	farmācija (s)	[farma:tsija]
tipografia (f)	poligrāfija (s)	[poligra:fija]
editora (f)	izdevniecība (s)	[izdevniɛtsi:ba]
rádio (m)	radio (v)	[radiɔ]
imobiliário (m)	nekustamais īpašums (v)	[nɛkustamais i:paʃums]
restaurante (m)	restorāns (v)	[restɔra:ns]
empresa (f) de segurança	apsardzes aģentūra (s)	[apsardzes adⁱentu:ra]
esporte (m)	sports (v)	[spɔrts]
bolsa (f) de valores	birža (s)	[birʒa]
loja (f)	veikals (v)	[vɛikals]
supermercado (m)	lielveikals (v)	[liɛlvɛikals]
piscina (f)	baseins (v)	[basɛins]
alfaiataria (f)	ateljē (v)	[atelje:]
televisão (f)	televīzija (s)	[tɛlevi:zija]
teatro (m)	teātris (v)	[tea:tris]
comércio (m)	tirdzniecība (s)	[tirdzniɛtsi:ba]
serviços (m pl) de transporte	pārvadājumi (v dsk)	[pa:rvada:jumi]
viagens (f pl)	tūrisms (v)	[tu:risms]
veterinário (m)	veterinārs (v)	[vɛterina:rs]
armazém (m)	noliktava (s)	[nɔliktava]
recolha (f) do lixo	atkritumu izvešana (s)	[atkritumu izveʃana]

Emprego. Negócios. Parte 2

83. Espetáculo. Feira

feira, exposição (f)	izstāde (s)	[izsta:de]
feira (f) comercial	tirdzniecības izstāde (s)	[tirdzniɛtsi:bas izsta:de]
participação (f)	piedalīšanās (s)	[piɛdali:ʃana:s]
participar (vi)	piedalīties	[piɛdali:tiɛs]
participante (m)	dalībnieks (v)	[dali:bniɛks]
diretor (m)	direktors (v)	[direktɔrs]
direção (f)	direkcija (s)	[direktsija]
organizador (m)	organizators (v)	[ɔrganizatɔrs]
organizar (vt)	organizēt	[ɔrganize:t]
ficha (f) de inscrição	pieteikums (v) dalībai	[piɛtɛikums dali:bai]
preencher (vt)	aizpildīt	[aizpildi:t]
detalhes (m pl)	detaļas (s dsk)	[dɛtaļas]
informação (f)	informācija (s)	[infɔrma:tsija]
preço (m)	cena (s)	[tsɛna]
incluindo	ieskaitot	[iɛskaitɔt]
incluir (vt)	ietvert	[iɛtvert]
pagar (vt)	maksāt	[maksa:t]
taxa (f) de inscrição	reģistrācijas iemaksa (s)	[redʲistra:tsijas iɛmaksa]
entrada (f)	ieeja (s)	[iɛeja]
pavilhão (m), salão (f)	paviljons (v)	[paviljɔns]
inscrever (vt)	reģistrēt	[redʲistre:t]
crachá (m)	personas karte (s)	[pɛrsɔnas karte]
stand (m)	stends (v)	[stends]
reservar (vt)	rezervēt	[rɛzerve:t]
vitrine (f)	skatlogs (v)	[skatlɔgs]
lâmpada (f)	gaismeklis (v)	[gaismeklis]
design (m)	dizains (v)	[dizains]
pôr (posicionar)	izvietot	[izviɛtɔt]
ser colocado, -a	atrasties	[atrastiɛs]
distribuidor (m)	izplatītājs (v)	[izplati:ta:js]
fornecedor (m)	piegādātājs (v)	[piɛga:da:ta:js]
fornecer (vt)	piegādāt	[piɛga:da:t]
país (m)	valsts (s)	[valsts]
estrangeiro (adj)	ārzemju	[a:rzemju]
produto (m)	produkts (v)	[prɔdukts]
associação (f)	asociācija (s)	[asɔtsia:tsija]
sala (f) de conferência	konferenču zāle (s)	[kɔnfɛrentʃu za:le]

congresso (m)	kongress (v)	[koŋgres]
concurso (m)	konkurss (v)	[konkurs]

visitante (m)	apmeklētājs (v)	[apmeklɛ:ta:js]
visitar (vt)	apmeklēt	[apmekle:t]
cliente (m)	pasūtītājs (v)	[pasu:ti:ta:js]

84. Ciência. Investigação. Cientistas

ciência (f)	zinātne (s)	[zina:tne]
científico (adj)	zinātnisks	[zina:tnisks]
cientista (m)	zinātnieks (v)	[zina:tniɛks]
teoria (f)	teorija (s)	[teorija]

axioma (m)	aksioma (s)	[aksioma]
análise (f)	analīze (s)	[anali:ze]
analisar (vt)	analizēt	[analize:t]
argumento (m)	arguments (v)	[arguments]
substância (f)	viela (s)	[viɛla]

hipótese (f)	hipotēze (s)	[xipotɛ:ze]
dilema (m)	dilemma (s)	[dilemma]
tese (f)	disertācija (s)	[diserta:tsija]
dogma (m)	dogma (s)	[dogma]

doutrina (f)	doktrīna (s)	[doktri:na]
pesquisa (f)	pētījums (v)	[pe:ti:jums]
pesquisar (vt)	pētīt	[pe:ti:t]
testes (m pl)	kontrole (s)	[kontrole]
laboratório (m)	laboratorija (s)	[laboratorija]

método (m)	metode (s)	[metode]
molécula (f)	molekula (s)	[molɛkula]
monitoramento (m)	monitorings (v)	[monitoriŋgs]
descoberta (f)	atklājums (v)	[atkla:jums]

postulado (m)	postulāts (v)	[postula:ts]
princípio (m)	princips (v)	[printsips]
prognóstico (previsão)	prognoze (s)	[prognoze]
prognosticar (vt)	prognozēt	[prognoze:t]

síntese (f)	sintēze (s)	[sintɛ:ze]
tendência (f)	tendence (s)	[tendentse]
teorema (m)	teorēma (s)	[teorɛ:ma]

ensinamentos (m pl)	mācība (s)	[ma:tsi:ba]
fato (m)	fakts (v)	[fakts]
expedição (f)	ekspedīcija (s)	[ekspedi:tsija]
experiência (f)	eksperiments (v)	[eksperiments]

acadêmico (m)	akadēmiķis (v)	[akade:mit'is]
bacharel (m)	bakalaurs (v)	[bakalaurs]
doutor (m)	doktors (v)	[doktors]
professor (m) associado	docents (v)	[dotsents]

| mestrado (m) | **maģistrs** (v) | [madʲistrs] |
| professor (m) | **profesors** (v) | [profesɔrs] |

Profissões e ocupações

85. Procura de emprego. Demissão

trabalho (m)	darbs (v)	[darbs]
equipe (f)	štats (v)	[ʃtats]
pessoal (m)	personāls (v)	[pɛrsɔnaːls]
carreira (f)	karjera (s)	[karjera]
perspectivas (f pl)	perspektīva (s)	[pɛrspektiːva]
habilidades (f pl)	meistarība (s)	[mɛistariːba]
seleção (f)	izlase (s)	[izlase]
agência (f) de emprego	nodarbinātības aģentūra (s)	[nɔdarbinaːtiːbas adʲentuːra]
currículo (m)	kopsavilkums (v)	[kɔpsavilkums]
entrevista (f) de emprego	darba intervija (s)	[darba intervija]
vaga (f)	vakance (s)	[vakantse]
salário (m)	darba alga (s)	[darba alga]
salário (m) fixo	alga (s)	[alga]
pagamento (m)	samaksa (s)	[samaksa]
cargo (m)	amats (v)	[amats]
dever (do empregado)	pienākums (v)	[piɛnaːkums]
gama (f) de deveres	loks (v)	[lɔks]
ocupado (adj)	aizņemts	[aizɲemts]
despedir, demitir (vt)	atlaist	[atlaist]
demissão (f)	atlaišana (s)	[atlaiʃana]
desemprego (m)	bezdarbs (v)	[bezdarbs]
desempregado (m)	bezdarbnieks (v)	[bezdarbniɛks]
aposentadoria (f)	pensija (s)	[pensija]
aposentar-se (vr)	aiziet pensijā	[aiziɛt pensijaː]

86. Gente de negócios

diretor (m)	direktors (v)	[direktɔrs]
gerente (m)	pārvaldnieks (v)	[paːrvaldniɛks]
patrão, chefe (m)	vadītājs (v)	[vadiːtaːjs]
superior (m)	priekšnieks (v)	[priɛkʃniɛks]
superiores (m pl)	priekšniecība (s)	[priɛkʃniɛtsiːba]
presidente (m)	prezidents (v)	[prezidents]
chairman (m)	priekšsēdētājs (v)	[priɛkʃsɛːdɛːtaːjs]
substituto (m)	aizvietotājs (v)	[aizviɛtɔtaːjs]
assistente (m)	palīgs (v)	[paliːgs]

secretário (m)	**sekretārs** (v)	[sekrɛta:rs]
secretário (m) pessoal	**personīgais sekretārs** (v)	[pɛrsɔni:gais sekrɛta:rs]

homem (m) de negócios	**biznesmenis** (v)	[biznesmenis]
empreendedor (m)	**uzņēmējs** (v)	[uzɲɛ:me:js]
fundador (m)	**pamatlicējs** (v)	[pamatlitse:js]
fundar (vt)	**nodibināt**	[nɔdibina:t]

principiador (m)	**dibinātājs** (v)	[dibina:ta:js]
parceiro, sócio (m)	**partneris** (v)	[partneris]
acionista (m)	**akcionārs** (v)	[aktsiɔna:rs]

milionário (m)	**miljonārs** (v)	[miljɔna:rs]
bilionário (m)	**miljardieris** (v)	[miljardiɛris]
proprietário (m)	**īpašnieks** (v)	[i:paʃniɛks]
proprietário (m) de terras	**zemes īpašnieks** (v)	[zɛmes i:paʃniɛks]

cliente (m)	**klients** (v)	[kliɛnts]
cliente (m) habitual	**pastāvīgais klients** (v)	[pasta:vi:gais kliɛnts]
comprador (m)	**pircējs** (v)	[pirtse:js]
visitante (m)	**apmeklētājs** (v)	[apmeklɛ:ta:js]

profissional (m)	**profesionālis** (v)	[prɔfesiɔna:lis]
perito (m)	**eksperts** (v)	[eksperts]
especialista (m)	**speciālists** (v)	[spetsia:lists]

banqueiro (m)	**baņķieris** (v)	[baɲtⁱiɛris]
corretor (m)	**brokeris** (v)	[brɔkeris]

caixa (m, f)	**kasieris** (v)	[kasiɛris]
contador (m)	**grāmatvedis** (v)	[gra:matvedis]
guarda (m)	**apsargs** (v)	[apsargs]

investidor (m)	**investors** (v)	[investɔrs]
devedor (m)	**parādnieks** (v)	[para:dniɛks]
credor (m)	**kreditors** (v)	[kreditɔrs]
mutuário (m)	**aizņēmējs** (v)	[aizɲɛ:me:js]

importador (m)	**importētājs** (v)	[impɔrtɛ:ta:js]
exportador (m)	**eksportētājs** (v)	[ekspɔrtɛ:ta:js]

produtor (m)	**ražotājs** (v)	[raʒota:js]
distribuidor (m)	**izplatītājs** (v)	[izplati:ta:js]
intermediário (m)	**starpnieks** (v)	[starpniɛks]

consultor (m)	**konsultants** (v)	[kɔnsultants]
representante comercial	**pārstāvis** (v)	[pa:rsta:vis]
agente (m)	**aģents** (v)	[adⁱents]
agente (m) de seguros	**apdrošināšanas aģents** (v)	[apdrɔʃina:ʃanas adⁱents]

87. Profissões de serviços

cozinheiro (m)	**pavārs** (v)	[pava:rs]
chefe (m) de cozinha	**šefpavārs** (v)	[ʃefpava:rs]

padeiro (m)	maiznieks (v)	[maizniɛks]
barman (m)	bārmenis (v)	[baːrmenis]
garçom (m)	oficiants (v)	[ɔfitsiants]
garçonete (f)	oficiante (s)	[ɔfitsiante]

advogado (m)	advokāts (v)	[advɔkaːts]
jurista (m)	jurists (v)	[jurists]
notário (m)	notārs (v)	[nɔtaːrs]

eletricista (m)	elektriķis (v)	[ɛlektritʲis]
encanador (m)	santehniķis (v)	[santexnitʲis]
carpinteiro (m)	namdaris (v)	[namdaris]

massagista (m)	masieris (v)	[masiɛris]
massagista (f)	masiere (s)	[masiɛre]
médico (m)	ārsts (v)	[aːrsts]

taxista (m)	taksists (v)	[taksists]
condutor (automobilista)	šoferis (v)	[ʃɔferis]
entregador (m)	kurjers (v)	[kurjers]

camareira (f)	istabene (s)	[istabɛne]
guarda (m)	apsargs (v)	[apsargs]
aeromoça (f)	stjuarte (s)	[stjuarte]

professor (m)	skolotājs (v)	[skɔlɔtaːjs]
bibliotecário (m)	bibliotekārs (v)	[bibliɔtɛkaːrs]
tradutor (m)	tulks (v)	[tulks]
intérprete (m)	tulks (v)	[tulks]
guia (m)	gids (v)	[gids]

cabeleireiro (m)	frizieris (v)	[friziɛris]
carteiro (m)	pastnieks (v)	[pastniɛks]
vendedor (m)	pārdevējs (v)	[paːrdɛveːjs]

jardineiro (m)	dārznieks (v)	[daːrzniɛks]
criado (m)	kalps (v)	[kalps]
criada (f)	kalpone (s)	[kalpɔne]
empregada (f) de limpeza	apkopēja (s)	[apkɔpeːja]

88. Profissões militares e postos

soldado (m) raso	ierindnieks (v)	[iɛrindniɛks]
sargento (m)	seržants (v)	[serʒants]
tenente (m)	leitnants (v)	[lɛitnants]
capitão (m)	kapteinis (v)	[kaptɛinis]

major (m)	majors (v)	[majɔrs]
coronel (m)	pulkvedis (v)	[pulkvedis]
general (m)	ģenerālis (v)	[dʲɛneraːlis]
marechal (m)	maršals (v)	[marʃals]
almirante (m)	admirālis (v)	[admiraːlis]
militar (m)	karavīrs (v)	[karaviːrs]
soldado (m)	karavīrs (v)	[karaviːrs]

oficial (m)	virsnieks (v)	[virsnɛks]
comandante (m)	komandieris (v)	[kɔmandiɛris]

guarda (m) de fronteira	robežsargs (v)	[rɔbeʒsargs]
operador (m) de rádio	radists (v)	[radists]
explorador (m)	izlūks (v)	[izlu:ks]
sapador-mineiro (m)	sapieris (v)	[sapiɛris]
atirador (m)	šāvējs (v)	[ʃa:ve:js]
navegador (m)	stūrmanis (v)	[stu:rmanis]

89. Oficiais. Padres

rei (m)	karalis (v)	[karalis]
rainha (f)	karaliene (s)	[karaliɛne]

príncipe (m)	princis (v)	[printsis]
princesa (f)	princese (s)	[printsɛse]

czar (m)	cars (v)	[tsars]
czarina (f)	cariene (s)	[tsariɛne]

presidente (m)	prezidents (v)	[prezidents]
ministro (m)	ministrs (v)	[ministrs]
primeiro-ministro (m)	premjerministrs (v)	[premjerministrs]
senador (m)	senators (v)	[sɛnatɔrs]

diplomata (m)	diplomāts (v)	[diplɔma:ts]
cônsul (m)	konsuls (v)	[kɔnsuls]
embaixador (m)	vēstnieks (v)	[ve:stniɛks]
conselheiro (m)	padomnieks (v)	[padɔmniɛks]

funcionário (m)	ierēdnis (v)	[iɛre:dnis]
prefeito (m)	prefekts (v)	[prefekts]
Presidente (m) da Câmara	mērs (v)	[mɛ:rs]

juiz (m)	tiesnesis (v)	[tiɛsnesis]
procurador (m)	prokurors (v)	[prɔkurɔrs]

missionário (m)	misionārs (v)	[misiɔna:rs]
monge (m)	mūks (v)	[mu:ks]
abade (m)	abats (v)	[abats]
rabino (m)	rabīns (v)	[rabi:ns]

vizir (m)	vezīrs (v)	[vezi:rs]
xá (m)	šahs (v)	[ʃaxs]
xeique (m)	šeihs (v)	[ʃɛixs]

90. Profissões agrícolas

abelheiro (m)	biškopis (v)	[biʃkɔpis]
pastor (m)	gans (v)	[gans]
agrônomo (m)	agronoms (v)	[agrɔnɔms]

| criador (m) de gado | lopkopis (v) | [lɔpkɔpis] |
| veterinário (m) | veterinārs (v) | [vɛterina:rs] |

agricultor, fazendeiro (m)	fermeris (v)	[fermeris]
vinicultor (m)	vīndaris (v)	[vi:ndaris]
zoólogo (m)	zoologs (v)	[zɔɔlɔgs]
vaqueiro (m)	kovbojs (v)	[kɔvbɔjs]

91. Profissões artísticas

| ator (m) | aktieris (v) | [aktiɛris] |
| atriz (f) | aktrise (s) | [aktrise] |

| cantor (m) | dziedātājs (v) | [dziɛda:ta:js] |
| cantora (f) | dziedātāja (s) | [dziɛda:ta:ja] |

| bailarino (m) | dejotājs (v) | [dejɔta:js] |
| bailarina (f) | dejotāja (s) | [dejɔta:ja] |

| artista (m) | mākslinieks (v) | [ma:ksliniɛks] |
| artista (f) | māksliniece (s) | [ma:ksliniɛtse] |

músico (m)	mūziķis (v)	[mu:zitʲis]
pianista (m)	pianists (v)	[pianists]
guitarrista (m)	ģitārists (v)	[dʲita:rists]

maestro (m)	diriģents (v)	[diridʲents]
compositor (m)	komponists (v)	[kɔmpɔnists]
empresário (m)	impresārijs (v)	[imprɛsa:rijs]

diretor (m) de cinema	režisors (v)	[reʒisɔrs]
produtor (m)	producents (v)	[prɔdutsents]
roteirista (m)	scenārija autors (v)	[stsɛna:rija autɔrs]
crítico (m)	kritiķis (v)	[krititʲis]

escritor (m)	rakstnieks (v)	[rakstniɛks]
poeta (m)	dzejnieks (v)	[dzejniɛks]
escultor (m)	skulptors (v)	[skulptɔrs]
pintor (m)	mākslinieks (v)	[ma:ksliniɛks]

malabarista (m)	žonglieris (v)	[ʒɔŋgliɛris]
palhaço (m)	klauns (v)	[klauns]
acrobata (m)	akrobāts (v)	[akrɔba:ts]
ilusionista (m)	burvju mākslinieks (v)	[burvju ma:ksliniɛks]

92. Várias profissões

médico (m)	ārsts (v)	[a:rsts]
enfermeira (f)	medmāsa (s)	[medma:sa]
psiquiatra (m)	psihiatrs (v)	[psixiatrs]
dentista (m)	stomatologs (v)	[stɔmatɔlɔgs]
cirurgião (m)	ķirurgs (v)	[tʲirurgs]

astronauta (m)	astronauts (v)	[astrɔnauts]
astrônomo (m)	astronoms (v)	[astrɔnɔms]
motorista (m)	vadītājs (v)	[vadi:ta:js]
maquinista (m)	mašīnists (v)	[maʃi:nists]
mecânico (m)	mehāniķis (v)	[mexa:nitʲis]
mineiro (m)	ogļracis (v)	[ɔglʲratsis]
operário (m)	strādnieks (v)	[stra:dniɛks]
serralheiro (m)	atslēdznieks (v)	[atsle:dzniɛks]
marceneiro (m)	galdnieks (v)	[galdniɛks]
torneiro (m)	virpotājs (v)	[virpɔta:js]
construtor (m)	celtnieks (v)	[tseltniɛks]
soldador (m)	metinātājs (v)	[metina:ta:js]
professor (m)	profesors (v)	[prɔfesɔrs]
arquiteto (m)	arhitekts (v)	[arxitekts]
historiador (m)	vēsturnieks (v)	[ve:sturniɛks]
cientista (m)	zinātnieks (v)	[zina:tniɛks]
físico (m)	fiziķis (v)	[fizitʲis]
químico (m)	ķīmiķis (v)	[tʲi:mitʲis]
arqueólogo (m)	arheologs (v)	[arxeɔlɔgs]
geólogo (m)	ģeologs (v)	[dʲeɔlɔgs]
pesquisador (cientista)	pētnieks (v)	[pe:tniɛks]
babysitter, babá (f)	aukle (s)	[aukle]
professor (m)	pedagogs (v)	[pɛdagɔgs]
redator (m)	redaktors (v)	[rɛdaktɔrs]
redator-chefe (m)	galvenais redaktors (v)	[galvɛnais rɛdaktɔrs]
correspondente (m)	korespondents (v)	[kɔrespɔndents]
datilógrafa (f)	mašīnrakstītāja (s)	[maʃi:nraksti:ta:ja]
designer (m)	dizainers (v)	[dizainɛrs]
especialista (m) em informática	datoru eksperts (v)	[datɔru eksperts]
programador (m)	programmētājs (v)	[prɔgrammɛ:ta:js]
engenheiro (m)	inženieris (v)	[inʒeniɛris]
marujo (m)	jūrnieks (v)	[ju:rniɛks]
marinheiro (m)	matrozis (v)	[matrɔzis]
socorrista (m)	glābējs (v)	[gla:be:js]
bombeiro (m)	ugunsdzēsējs (v)	[ugunsdzɛ:se:js]
polícia (m)	policists (v)	[pɔlitsists]
guarda-noturno (m)	sargs (v)	[sargs]
detetive (m)	detektīvs (v)	[dɛtekti:vs]
funcionário (m) da alfândega	muitas ierēdnis (v)	[muitas iɛre:dnis]
guarda-costas (m)	miesassargs (v)	[miɛsasargs]
guarda (m) prisional	uzraugs (v)	[uzraugs]
inspetor (m)	inspektors (v)	[inspektɔrs]
esportista (m)	sportists (v)	[spɔrtists]
treinador (m)	treneris (v)	[trɛneris]

açougueiro (m)	miesnieks (v)	[miɛsniɛks]
sapateiro (m)	kurpnieks (v)	[kurpniɛks]
comerciante (m)	komersants (v)	[kɔmɛrsants]
carregador (m)	krāvējs (v)	[kra:ve:js]

| estilista (m) | modelētājs (v) | [mɔdɛlɛ:ta:js] |
| modelo (f) | modele (s) | [mɔdɛle] |

93. Ocupações. Estatuto social

| estudante (~ de escola) | skolnieks (v) | [skɔlniɛks] |
| estudante (~ universitária) | students (v) | [students] |

filósofo (m)	filosofs (v)	[filɔsɔfs]
economista (m)	ekonomists (v)	[ekɔnɔmists]
inventor (m)	izgudrotājs (v)	[izgudrɔta:js]

desempregado (m)	bezdarbnieks (v)	[bezdarbniɛks]
aposentado (m)	pensionārs (v)	[pensiɔna:rs]
espião (m)	spiegs (v)	[spiɛgs]

preso, prisioneiro (m)	ieslodzītais (v)	[iɛslɔdzi:tais]
grevista (m)	streikotājs (v)	[strɛikɔta:js]
burocrata (m)	birokrāts (v)	[birɔkra:ts]
viajante (m)	ceļotājs (v)	[tseḽɔta:js]

homossexual (m)	homoseksuālists (v)	[xɔmɔseksua:lists]
hacker (m)	hakeris (v)	[xakeris]
hippie (m, f)	hipijs (v)	[xipijs]

bandido (m)	bandīts (v)	[bandi:ts]
assassino (m)	algots slepkava (v)	[algɔts slepkava]
drogado (m)	narkomāns (v)	[narkɔma:ns]
traficante (m)	narkotiku tirgotājs (v)	[narkɔtiku tirgɔta:js]
prostituta (f)	prostitūta (s)	[prɔstitu:ta]
cafetão (m)	suteners (v)	[sutɛnɛrs]

bruxo (m)	burvis (v)	[burvis]
bruxa (f)	burve (s)	[burve]
pirata (m)	pirāts (v)	[pira:ts]
escravo (m)	vergs (v)	[vergs]
samurai (m)	samurajs (v)	[samurajs]
selvagem (m)	mežonis (v)	[meʒɔnis]

Educação

94. Escola

| escola (f) | skola (s) | [skɔla] |
| diretor (m) de escola | skolas direktors (v) | [skɔlas direktɔrs] |

aluno (m)	skolnieks (v)	[skɔlniɛks]
aluna (f)	skolniece (s)	[skɔlniɛtse]
estudante (m)	skolnieks (v)	[skɔlniɛks]
estudante (f)	skolniece (s)	[skɔlniɛtse]

ensinar (vt)	mācīt	[ma:tsi:t]
aprender (vt)	mācīties	[ma:tsi:tiɛs]
decorar (vt)	mācīties no galvas	[ma:tsi:ties nɔ galvas]

estudar (vi)	mācīties	[ma:tsi:tiɛs]
estar na escola	mācīties	[ma:tsi:tiɛs]
ir à escola	iet skolā	[iɛt skɔla:]

| alfabeto (m) | alfabēts (v) | [alfabe:ts] |
| disciplina (f) | mācības priekšmets (v) | [ma:tsi:bas priɛkʃmets] |

sala (f) de aula	klase (s)	[klase]
lição, aula (f)	stunda (s)	[stunda]
recreio (m)	starpbrīdis (v)	[starpbri:dis]
toque (m)	zvans (v)	[zvans]
classe (f)	skolas sols (v)	[skɔlas sɔls]
quadro (m) negro	tāfele (s)	[ta:fɛle]

nota (f)	atzīme (s)	[atzi:me]
boa nota (f)	laba atzīme (s)	[laba atzi:me]
nota (f) baixa	slikta atzīme (s)	[slikta atzi:me]
dar uma nota	likt atzīmi	[likt atzi:mi]

erro (m)	kļūda (s)	[klʲu:da]
errar (vi)	kļūdīties	[klʲu:di:tiɛs]
corrigir (~ um erro)	labot	[labɔt]
cola (f)	špikeris (v)	[ʃpikeris]

| dever (m) de casa | mājas darbs (v) | [ma:jas darbs] |
| exercício (m) | vingrinājums (v) | [viŋgrina:jums] |

estar presente	būt klāt	[bu:t kla:t]
estar ausente	nebūt klāt	[nɛbu:t kla:t]
faltar às aulas	kavēt stundas	[kave:t stundas]

punir (vt)	sodīt	[sɔdi:t]
punição (f)	sods (v)	[sɔds]
comportamento (m)	uzvedība (s)	[uzvedi:ba]

boletim (m) escolar	dienasgrāmata (s)	[diɛnasgra:mata]
lápis (m)	zīmulis (v)	[zi:mulis]
borracha (f)	dzēšgumija (s)	[dze:ʃgumija]
giz (m)	krīts (v)	[kri:ts]
porta-lápis (m)	penālis (v)	[pɛna:lis]

mala, pasta, mochila (f)	portfelis (v)	[portfelis]
caneta (f)	pildspalva (s)	[pildspalva]
caderno (m)	burtnīca (s)	[burtni:tsa]
livro (m) didático	mācību grāmata (s)	[ma:tsi:bu gra:mata]
compasso (m)	cirkulis (v)	[tsirkulis]

| traçar (vt) | rasēt | [rase:t] |
| desenho (m) técnico | rasējums (v) | [rase:jums] |

poesia (f)	dzejolis (v)	[dzejolis]
de cor	no galvas	[nɔ galvas]
decorar (vt)	mācīties no galvas	[ma:tsi:ties nɔ galvas]

férias (f pl)	brīvlaiks (v)	[bri:vlaiks]
estar de férias	būt brīvlaikā	[bu:t bri:vlaika:]
passar as férias	pavadīt brīvlaiku	[pavadi:t bri:vlaiku]

teste (m), prova (f)	kontroldarbs (v)	[kɔntrɔldarbs]
redação (f)	sacerējums (v)	[satsɛre:jums]
ditado (m)	diktāts (v)	[dikta:ts]
exame (m), prova (f)	eksāmens (v)	[eksa:mens]
fazer prova	likt eksāmenus	[likt eksa:menus]
experiência (~ química)	mēģinājums (v)	[me:dʲina:jums]

95. Colégio. Universidade

academia (f)	akadēmija (s)	[akade:mija]
universidade (f)	universitāte (s)	[univɛrsita:te]
faculdade (f)	fakultāte (s)	[fakulta:te]

estudante (m)	students (v)	[students]
estudante (f)	studente (s)	[studente]
professor (m)	pasniedzējs (v)	[pasniɛdze:js]

| auditório (m) | auditorija (s) | [auditɔrija] |
| graduado (m) | absolvents (v) | [absɔlvents] |

| diploma (m) | diploms (v) | [diplɔms] |
| tese (f) | disertācija (s) | [diserta:tsija] |

| estudo (obra) | pētījums (v) | [pe:ti:jums] |
| laboratório (m) | laboratorija (s) | [labɔratɔrija] |

| palestra (f) | lekcija (s) | [lektsija] |
| colega (m) de curso | kursa biedrs (v) | [kursa biɛdrs] |

| bolsa (f) de estudos | stipendija (s) | [stipendija] |
| grau (m) acadêmico | zinātniskais grāds (v) | [zina:tniskais gra:ds] |

96. Ciências. Disciplinas

matemática (f)	matemātika (s)	[matɛma:tika]
álgebra (f)	algebra (s)	[algebra]
geometria (f)	ģeometrija (s)	[dˈeɔmetrija]

astronomia (f)	astronomija (s)	[astrɔnɔmija]
biologia (f)	bioloģija (s)	[biɔlɔdˈija]
geografia (f)	ģeogrãfija (s)	[dˈeɔgra:fija]
geologia (f)	ģeoloģija (s)	[dˈeɔlɔdˈija]
história (f)	vēsture (s)	[ve:sture]

medicina (f)	medicīna (s)	[meditsi:na]
pedagogia (f)	pedagoģija (s)	[pɛdagɔdˈija]
direito (m)	tieslietas (s dsk)	[tiɛsliɛtas]

física (f)	fizika (s)	[fizika]
química (f)	ķīmija (s)	[tˈi:mija]
filosofia (f)	filozofija (s)	[filɔzɔfija]
psicologia (f)	psiholoģija (s)	[psixɔlɔdˈija]

97. Sistema de escrita. Ortografia

gramática (f)	gramatika (s)	[gramatika]
vocabulário (m)	leksika (s)	[leksika]
fonética (f)	fonētika (s)	[fɔne:tika]

substantivo (m)	lietvārds (v)	[liɛtva:rds]
adjetivo (m)	īpašības vārds (v)	[i:paʃi:bas va:rds]
verbo (m)	darbības vārds (v)	[darbi:bas va:rds]
advérbio (m)	apstākļa vārds (v)	[apsta:klˈa va:rds]

pronome (m)	vietniekvārds (v)	[viɛtniɛkva:rds]
interjeição (f)	izsauksmes vārds (v)	[izsauksmes va:rds]
preposição (f)	prievārds (v)	[priɛva:rds]

raiz (f)	vārda sakne (s)	[va:rda sakne]
terminação (f)	galotne (s)	[galɔtne]
prefixo (m)	priedēklis (v)	[priɛde:klis]
sílaba (f)	zilbe (s)	[zilbe]
sufixo (m)	sufikss (v)	[sufiks]

| acento (m) | uzsvars (v) | [uzsvars] |
| apóstrofo (f) | apostrofs (v) | [apɔstrɔfs] |

ponto (m)	punkts (v)	[punkts]
vírgula (f)	komats (v)	[kɔmats]
ponto e vírgula (m)	semikols (v)	[semikɔls]
dois pontos (m pl)	kols (v)	[kɔls]
reticências (f pl)	daudzpunkte (s)	[daudzpunkte]

| ponto (m) de interrogação | jautājuma zīme (s) | [jauta:juma zi:me] |
| ponto (m) de exclamação | izsaukuma zīme (s) | [izsaukuma zi:me] |

aspas (f pl)	pēdiņas (s dsk)	[pe:diņas]
entre aspas	pēdiņās	[pe:diņa:s]
parênteses (m pl)	iekavas (s dsk)	[iɛkavas]
entre parênteses	iekavās	[iɛkava:s]

hífen (m)	defise (s)	[defise]
travessão (m)	domuzīme (s)	[dɔmuzi:me]
espaço (m)	atstarpe (s)	[atstarpe]

letra (f)	burts (v)	[burts]
letra (f) maiúscula	lielais burts (v)	[liɛlais burts]

vogal (f)	patskanis (v)	[patskanis]
consoante (f)	līdzskanis (v)	[li:dzskanis]

frase (f)	teikums (v)	[tɛikums]
sujeito (m)	teikuma priekšmets (v)	[tɛikuma priɛkʃmets]
predicado (m)	izteicējs (v)	[iztɛitse:js]

linha (f)	rinda (s)	[rinda]
em uma nova linha	ar jaunu rindu	[ar jaunu rindu]
parágrafo (m)	rindkopa (s)	[rindkɔpa]

palavra (f)	vārds (v)	[va:rds]
grupo (m) de palavras	vārdkopa (s)	[va:rdkɔpa]
expressão (f)	izteiciens (v)	[iztɛitsiɛns]
sinônimo (m)	sinonīms (v)	[sinɔni:ms]
antônimo (m)	antonīms (v)	[antɔni:ms]

regra (f)	likums (v)	[likums]
exceção (f)	izņēmums (v)	[izņɛ:mums]
correto (adj)	pareizs	[parɛizs]

conjugação (f)	konjugācija (s)	[kɔnjuga:tsija]
declinação (f)	deklinācija (s)	[deklina:tsija]
caso (m)	locījums (v)	[lɔtsi:jums]
pergunta (f)	jautājums (v)	[jauta:jums]
sublinhar (vt)	pasvītrot	[pasvi:trɔt]
linha (f) pontilhada	punktēta līnija (s)	[punktɛ:ta li:nija]

98. Línguas estrangeiras

língua (f)	valoda (s)	[valɔda]
estrangeiro (adj)	svešs	[sveʃs]
língua (f) estrangeira	svešvaloda (s)	[sveʃvalɔda]
estudar (vt)	pētīt	[pe:ti:t]
aprender (vt)	mācīties	[ma:tsi:tiɛs]

ler (vt)	lasīt	[lasi:t]
falar (vi)	runāt	[runa:t]
entender (vt)	saprast	[saprast]
escrever (vt)	rakstīt	[raksti:t]
rapidamente	ātri	[a:tri]
devagar, lentamente	lēni	[le:ni]

fluentemente	**brīvi**	[bri:vi]
regras (f pl)	**noteikumi** (v dsk)	[nɔtɛikumi]
gramática (f)	**gramatika** (s)	[gramatika]
vocabulário (m)	**leksika** (s)	[leksika]
fonética (f)	**fonētika** (s)	[fɔne:tika]
livro (m) didático	**mācību grāmata** (s)	[ma:tsi:bu gra:mata]
dicionário (m)	**vārdnīca** (s)	[va:rdni:tsa]
manual (m) autodidático	**pašmācības grāmata** (s)	[paʃma:tsi:bas gra:mata]
guia (m) de conversação	**sarunvārdnīca** (s)	[sarunva:rdni:tsa]
fita (f) cassete	**kasete** (s)	[kasɛte]
videoteipe (m)	**videokasete** (s)	[videɔkasɛte]
CD (m)	**kompaktdisks** (v)	[kɔmpaktdisks]
DVD (m)	**DVD** (v)	[dvd]
alfabeto (m)	**alfabēts** (v)	[alfabe:ts]
soletrar (vt)	**izrunāt pa burtiem**	[izruna:t pa burtiɛm]
pronúncia (f)	**izruna** (s)	[izruna]
sotaque (m)	**akcents** (v)	[aktsents]
com sotaque	**ar akcentu**	[ar aktsentu]
sem sotaque	**bez akcenta**	[bez aktsenta]
palavra (f)	**vārds** (v)	[va:rds]
sentido (m)	**nozīme** (s)	[nɔzi:me]
curso (m)	**kursi** (v dsk)	[kursi]
inscrever-se (vr)	**pierakstīties**	[piɛraksti:tiɛs]
professor (m)	**pasniedzējs** (v)	[pasniɛdze:js]
tradução (processo)	**tulkošana** (s)	[tulkɔʃana]
tradução (texto)	**tulkojums** (v)	[tulkɔjums]
tradutor (m)	**tulks** (v)	[tulks]
intérprete (m)	**tulks** (v)	[tulks]
poliglota (m)	**poliglots** (v)	[pɔliglots]
memória (f)	**atmiņa** (s)	[atmiɲa]

Descanso. Entretenimento. Viagens

99. Viagens

turismo (m)	tūrisms (v)	[tu:risms]
turista (m)	tūrists (v)	[tu:rists]
viagem (f)	ceļojums (v)	[tseļɔjums]
aventura (f)	piedzīvojums (v)	[piɛdzi:vɔjums]
percurso (curta viagem)	brauciens (v)	[brautsiɛns]
férias (f pl)	atvaļinājums (v)	[atvalʲina:jums]
estar de férias	būt atvaļinājumā	[bu:t atvalʲina:juma:]
descanso (m)	atpūta (s)	[atpu:ta]
trem (m)	vilciens (v)	[viltsiɛns]
de trem (chegar ~)	ar vilcienu	[ar viltsiɛnu]
avião (m)	lidmašīna (s)	[lidmaʃi:na]
de avião	ar lidmašīnu	[ar lidmaʃi:nu]
de carro	ar automobili	[ar autɔmɔbili]
de navio	ar kuģi	[ar kudʲi]
bagagem (f)	bagāža (s)	[baga:ʒa]
mala (f)	čemodāns (v)	[tʃemɔda:ns]
carrinho (m)	bagāžas ratiņi (v dsk)	[baga:ʒas ratiɲi]
passaporte (m)	pase (s)	[pase]
visto (m)	vīza (s)	[vi:za]
passagem (f)	biļete (s)	[bilʲɛte]
passagem (f) aérea	aviobiļete (s)	[aviɔbilʲɛte]
guia (m) de viagem	ceļvedis (v)	[tselʲvedis]
mapa (m)	karte (s)	[karte]
área (f)	apvidus (v)	[apvidus]
lugar (m)	vieta (s)	[viɛta]
exotismo (m)	eksotika (s)	[eksɔtika]
exótico (adj)	eksotisks	[eksɔtisks]
surpreendente (adj)	apbrīnojams	[apbri:nɔjams]
grupo (m)	grupa (s)	[grupa]
excursão (f)	ekskursija (s)	[ekskursija]
guia (m)	gids (v)	[gids]

100. Hotel

hotel (m), hospedaria (f)	viesnīca (s)	[viɛsni:tsa]
motel (m)	motelis (v)	[mɔtelis]
três estrelas	trīszvaigžņu	[tri:szvaigʒɲu]

cinco estrelas	**pieczvaigžņu**	[piɛtszvaigʒɲu]
ficar (vi, vt)	**apmesties**	[apmestiɛs]
quarto (m)	**numurs** (v)	[numurs]
quarto (m) individual	**vienvietīgs numurs** (v)	[viɛnviɛti:gs numurs]
quarto (m) duplo	**divvietīgs numurs** (v)	[divviɛti:gs numurs]
reservar um quarto	**rezervēt numuru**	[rɛzerve:t numuru]
meia pensão (f)	**pus pansija** (s)	[pus pansija]
pensão (f) completa	**pilna pansija** (s)	[pilna pansija]
com banheira	**ar vannu**	[ar vannu]
com chuveiro	**ar dušu**	[ar duʃu]
televisão (m) por satélite	**satelīta televīzija** (s)	[sateli:ta tɛlevi:zija]
ar (m) condicionado	**kondicionētājs** (v)	[kɔnditsiɔnɛ:ta:js]
toalha (f)	**dvielis** (v)	[dviɛlis]
chave (f)	**atslēga** (s)	[atslɛ:ga]
administrador (m)	**administrators** (v)	[administratɔrs]
camareira (f)	**istabene** (s)	[istabɛne]
bagageiro (m)	**nesējs** (v)	[nɛse:js]
porteiro (m)	**portjē** (v)	[pɔrtje:]
restaurante (m)	**restorāns** (v)	[restɔra:ns]
bar (m)	**bārs** (v)	[ba:rs]
café (m) da manhã	**brokastis** (s dsk)	[brɔkastis]
jantar (m)	**vakariņas** (s dsk)	[vakariɲas]
bufê (m)	**zviedru galds** (v)	[zviɛdru galds]
saguão (m)	**vestibils** (v)	[vestibils]
elevador (m)	**lifts** (v)	[lifts]
NÃO PERTURBE	**NETRAUCĒT**	[netrautse:t]
PROIBIDO FUMAR!	**SMĒĶĒT AIZLIEGTS!**	[smɛ:tʲe:t aizliɛgts!]

EQUIPAMENTO TÉCNICO. TRANSPORTES

Equipamento técnico. Transportes

101. Computador

computador (m)	dators (v)	[datɔrs]
computador (m) portátil	portatīvais dators (v)	[pɔrtati:vais datɔrs]
ligar (vt)	ieslēgt	[iɛsle:gt]
desligar (vt)	izslēgt	[izsle:gt]
teclado (m)	tastatūra (s)	[tastatu:ra]
tecla (f)	taustiņš (v)	[taustiɲʃ]
mouse (m)	pele (s)	[pɛle]
tapete (m) para mouse	paliktnis (v)	[paliktnis]
botão (m)	poga (s)	[pɔga]
cursor (m)	kursors (v)	[kursɔrs]
monitor (m)	monitors (v)	[monitɔrs]
tela (f)	ekrāns (v)	[ekra:ns]
disco (m) rígido	cietais disks (v)	[tsiɛtais disks]
capacidade (f) do disco rígido	cieta diska apjoms (v)	[tsiɛta diska apjɔms]
memória (f)	atmiņa (s)	[atmiɲa]
memória RAM (f)	operatīvā atmiņa (s)	[ɔpɛrati:va: atmiɲa]
arquivo (m)	datne (s)	[datne]
pasta (f)	mape (s)	[mape]
abrir (vt)	atvērt	[atve:rt]
fechar (vt)	aizvērt	[aizve:rt]
salvar (vt)	saglabāt	[saglaba:t]
deletar (vt)	izdzēst	[izdze:st]
copiar (vt)	nokopēt	[nɔkɔpe:t]
ordenar (vt)	šķirot	[ʃtʲirɔt]
copiar (vt)	pārrakstīt	[pa:rraksti:t]
programa (m)	programma (s)	[prɔgramma]
software (m)	programmatūra (s)	[prɔgrammatu:ra]
programador (m)	programmētājs (v)	[prɔgrammɛ:ta:js]
programar (vt)	programmēt	[prɔgramme:t]
hacker (m)	hakeris (v)	[xakeris]
senha (f)	parole (s)	[parɔle]
vírus (m)	vīruss (v)	[vi:rus]
detectar (vt)	atrast, uziet	[atrast], [uziɛt]
byte (m)	baits (v)	[baits]

megabyte (m)	megabaits (v)	[mɛgabaits]
dados (m pl)	dati (v dsk)	[dati]
base (f) de dados	datu bāze (s)	[datu ba:ze]

cabo (m)	kabelis (v)	[kabelis]
desconectar (vt)	atvienot	[atviɛnɔt]
conectar (vt)	pievienot	[piɛviɛnɔt]

102. Internet. E-mail

internet (f)	internets (v)	[internets]
browser (m)	pārlūka programma (s)	[pa:rlu:ka prɔgramma]
motor (m) de busca	meklēšanas resurss (v)	[mekle:ʃanas rɛsurs]
provedor (m)	provaiders (v)	[prɔvaidɛrs]

webmaster (m)	tīmekļa meistars (v)	[ti:meklʲa mɛistars]
website (m)	saits (v)	[saits]
web page (f)	tīmekļa lappuse (s)	[ti:meklʲa lappuse]

| endereço (m) | adrese (s) | [adrɛse] |
| livro (m) de endereços | adrešu grāmata (s) | [adreʃu gra:mata] |

caixa (f) de correio	pastkastīte (s)	[pastkasti:te]
correio (m)	pasts (v)	[pasts]
cheia (caixa de correio)	pārpildīts	[pa:rpildi:ts]

mensagem (f)	ziņojums (v)	[ziɲɔjums]
mensagens (f pl) recebidas	ienākošie ziņojumi (v dsk)	[iɛna:kɔʃiɛ ziɲɔjumi]
mensagens (f pl) enviadas	aizsūtītie ziņojumi (v dsk)	[aizsu:ti:tiɛ ziɲɔjumi]

remetente (m)	sūtītājs (v)	[su:ti:ta:js]
enviar (vt)	nosūtīt	[nɔsu:ti:t]
envio (m)	aizsūtīšana (s)	[aizsu:ti:ʃana]

| destinatário (m) | saņēmējs (v) | [saɲɛ:me:js] |
| receber (vt) | saņemt | [saɲemt] |

| correspondência (f) | sarakste (s) | [sarakste] |
| corresponder-se (vr) | sarakstīties | [saraksti:tiɛs] |

arquivo (m)	datne (s)	[datne]
fazer download, baixar (vt)	novilkt	[nɔvilkt]
criar (vt)	izveidot	[izvɛidɔt]
deletar (vt)	izdzēst	[izdze:st]
deletado (adj)	izdzēstais	[izdze:stais]

conexão (f)	sakars (v)	[sakars]
velocidade (f)	ātrums (v)	[a:trums]
modem (m)	modems (v)	[mɔdems]
acesso (m)	pieeja (s)	[piɛeja]
porta (f)	pieslēgvieta (s)	[piɛsle:gviɛta]

| conexão (f) | pieslēgšana (s) | [piɛsle:gʃana] |
| conectar (vi) | pieslēgties | [piɛsle:gtiɛs] |

| escolher (vt) | izvēlēties | [izvɛ:le:tiɛs] |
| buscar (vt) | meklēt … | [mekle:t …] |

103. Eletricidade

eletricidade (f)	elektrība (s)	[ɛlektri:ba]
elétrico (adj)	elektrisks	[ɛlektrisks]
planta (f) elétrica	elektrostacija (s)	[ɛlektrɔstatsija]
energia (f)	enerģija (s)	[ɛnerdʲija]
energia (f) elétrica	elektroenerģija (s)	[ɛlektrɔɛnerdʲija]

lâmpada (f)	spuldze (s)	[spuldze]
lanterna (f)	lukturītis (v)	[lukturi:tis]
poste (m) de iluminação	laterna (s)	[laterna]

luz (f)	gaisma (s)	[gaisma]
ligar (vt)	ieslēgt	[iɛsle:gt]
desligar (vt)	izslēgt	[izsle:gt]
apagar a luz	izslēgt gaismu	[izsle:gt gaismu]

queimar (vi)	izdegt	[izdegt]
curto-circuito (m)	īssavienojums (v)	[i:saviɛnɔjums]
ruptura (f)	pārtrūkums (v)	[pa:rtru:kums]
contato (m)	kontakts (v)	[kɔntakts]

interruptor (m)	slēdzis (v)	[sle:dzis]
tomada (de parede)	rozete (s)	[rɔzɛte]
plugue (m)	dakša (s)	[dakʃa]
extensão (f)	pagarinātājs (v)	[pagarina:ta:js]

fusível (m)	drošinātājs (v)	[drɔʃina:ta:js]
fio, cabo (m)	vads (v)	[vads]
instalação (f) elétrica	instalācija (s)	[instala:tsija]

ampère (m)	ampērs (v)	[ampɛ:rs]
amperagem (f)	strāvas stiprums (v)	[stra:vas stiprums]
volt (m)	volts (v)	[vɔlts]
voltagem (f)	spriegums (v)	[spriɛgums]

| aparelho (m) elétrico | elektriskais aparāts (v) | [ɛlektriskais apara:ts] |
| indicador (m) | indikators (v) | [indikatɔrs] |

eletricista (m)	elektriķis (v)	[ɛlektritʲis]
soldar (vt)	lodēt	[lɔde:t]
soldador (m)	lodāmurs (v)	[lɔda:murs]
corrente (f) elétrica	strāva (s)	[stra:va]

104. Ferramentas

ferramenta (f)	instruments (v)	[instruments]
ferramentas (f pl)	instrumenti (v dsk)	[instrumenti]
equipamento (m)	ierīce (s)	[iɛri:tse]

martelo (m)	āmurs (v)	[a:murs]
chave (f) de fenda	skrūvgriezis (v)	[skru:vgriɛzis]
machado (m)	cirvis (v)	[tsirvis]

serra (f)	zāģis (v)	[za:dʲis]
serrar (vt)	zāģēt	[za:dʲe:t]
plaina (f)	ēvele (s)	[ɛ:vɛle]
aplainar (vt)	ēvelēt	[ɛ:vɛle:t]
soldador (m)	lodāmurs (v)	[lɔda:murs]
soldar (vt)	lodēt	[lɔde:t]

lima (f)	vīle (s)	[vi:le]
tenaz (f)	knaibles (s dsk)	[knaibles]
alicate (m)	platknaibles (s dsk)	[platknaibles]
formão (m)	kalts (v)	[kalts]

broca (f)	urbis (v)	[urbis]
furadeira (f) elétrica	elektriskais urbis (v)	[ɛlektriskais urbis]
furar (vt)	urbt	[urbt]

faca (f)	nazis (v)	[nazis]
lâmina (f)	asmens (v)	[asmens]

afiado (adj)	ass	[as]
cego (adj)	truls	[truls]
embotar-se (vr)	notrulināties	[nɔtrulina:tiɛs]
afiar, amolar (vt)	asināt	[asina:t]

parafuso (m)	skrūve (s)	[skru:ve]
porca (f)	uzgrieznis (v)	[uzgriɛznis]
rosca (f)	vītne (s)	[vi:tne]
parafuso (para madeira)	kokskrūve (s)	[kɔkskru:ve]

prego (m)	nagla (s)	[nagla]
cabeça (f) do prego	galviņa (s)	[galviɲa]

régua (f)	lineāls (v)	[linea:ls]
fita (f) métrica	mērlente (s)	[me:rlente]
nível (m)	līmeņrādis (v)	[li:meɲra:dis]
lupa (f)	lupa (s)	[lupa]

medidor (m)	mērierīce (s)	[me:riɛri:tse]
medir (vt)	mērīt	[me:ri:t]
escala (f)	skala (s)	[skala]
indicação (f), registro (m)	rādījums (v)	[ra:di:jums]

compressor (m)	kompresors (v)	[kɔmpresɔrs]
microscópio (m)	mikroskops (v)	[mikrɔskɔps]

bomba (f)	sūknis (v)	[su:knis]
robô (m)	robots (v)	[robɔts]
laser (m)	lāzers (v)	[la:zɛrs]

chave (f) de boca	uzgriežņu atslēga (s)	[uzgriɛʒɲu atslɛ:ga]
fita (f) adesiva	līmlenta (s)	[li:mlenta]
cola (f)	līme (s)	[li:me]

lixa (f)	smilšpapīrs (v)	[smilʃpapi:rs]
mola (f)	atspere (s)	[atspɛre]
ímã (m)	magnēts (v)	[magne:ts]
luva (f)	cimdi (v dsk)	[tsimdi]
corda (f)	virve (s)	[virve]
cabo (~ de nylon, etc.)	aukla (s)	[aukla]
fio (m)	vads (v)	[vads]
cabo (~ elétrico)	kabelis (v)	[kabelis]
marreta (f)	uzsitējveseris (v)	[uzsite:jvɛseris]
pé de cabra (m)	lauznis (v)	[lauznis]
escada (f) de mão	kāpnes (s dsk)	[ka:pnes]
escada (m)	sastatņu kāpnes (s dsk)	[sastatɲu ka:pnes]
enroscar (vt)	aizgriezt	[aizgriɛzt]
desenroscar (vt)	atgriezt	[atgriɛzt]
apertar (vt)	aizspiest	[aizspiɛst]
colar (vt)	pielīmēt	[piɛli:me:t]
cortar (vt)	griezt	[griɛzt]
falha (f)	bojājums (v)	[bɔja:jums]
conserto (m)	labošana (s)	[labɔʃana]
consertar, reparar (vt)	remontēt	[remɔnte:t]
regular, ajustar (vt)	regulēt	[rɛgule:t]
verificar (vt)	pārbaudīt	[pa:rbaudi:t]
verificação (f)	pārbaudīšana (s)	[pa:rbaudi:ʃana]
indicação (f), registro (m)	rādījums (v)	[ra:di:jums]
seguro (adj)	drošs	[drɔʃs]
complicado (adj)	sarežģīts	[sareʒdʲi:ts]
enferrujar (vi)	rūsēt	[ru:se:t]
enferrujado (adj)	sarūsējis	[saru:se:jis]
ferrugem (f)	rūsa (s)	[ru:sa]

Transportes

105. Avião

avião (m)	lidmašīna (s)	[lidmaʃi:na]
passagem (f) aérea	aviobiļete (s)	[aviɔbilʲɛte]
companhia (f) aérea	aviokompānija (s)	[aviɔkɔmpa:nija]
aeroporto (m)	lidosta (s)	[lidɔsta]
supersônico (adj)	virsskaņas	[virskaɲas]
comandante (m) do avião	kuģa komandieris (v)	[kudʲa kɔmandiɛris]
tripulação (f)	apkalpe (s)	[apkalpe]
piloto (m)	pilots (v)	[pilɔts]
aeromoça (f)	stjuarte (s)	[stjuarte]
copiloto (m)	stūrmanis (v)	[stu:rmanis]
asas (f pl)	spārni (v dsk)	[spa:rni]
cauda (f)	aste (s)	[aste]
cabine (f)	kabīne (s)	[kabi:ne]
motor (m)	dzinējs (v)	[dzine:js]
trem (m) de pouso	šasija (s)	[ʃasija]
turbina (f)	turbīna (s)	[turbi:na]
hélice (f)	propelleris (v)	[prɔpelleris]
caixa-preta (f)	melnā kaste (s)	[melna: kaste]
coluna (f) de controle	stūres rats (v)	[stu:res rats]
combustível (m)	degviela (s)	[degviɛla]
instruções (f pl) de segurança	instrukcija (s)	[instruktsija]
máscara (f) de oxigênio	skābekļa maska (s)	[ska:beklʲa maska]
uniforme (m)	uniforma (s)	[unifɔrma]
colete (m) salva-vidas	glābšanas veste (s)	[gla:bʃanas veste]
paraquedas (m)	izpletnis (v)	[izpletnis]
decolagem (f)	pacelšanās (s dsk)	[patselʃana:s]
descolar (vi)	pacelties	[patseltiɛs]
pista (f) de decolagem	skrejceļš (v)	[skrejtselʲʃ]
visibilidade (f)	redzamība (s)	[redzami:ba]
voo (m)	lidojums (v)	[lidɔjums]
altura (f)	augstums (v)	[augstums]
poço (m) de ar	gaisa bedre (s)	[gaisa bedre]
assento (m)	sēdeklis (v)	[sɛ:deklis]
fone (m) de ouvido	austiņas (s dsk)	[austiɲas]
mesa (f) retrátil	galdiņš (v)	[galdiɲʃ]
janela (f)	iluminators (v)	[iluminatɔrs]
corredor (m)	eja (s)	[eja]

106. Comboio

trem (m)	vilciens (v)	[viltsiɛns]
trem (m) elétrico	elektrovilciens (v)	[ɛlektrɔviltsiɛns]
trem (m)	ātrvilciens (v)	[a:trviltsiɛns]
locomotiva (f) diesel	dīzeļlokomotīve (s)	[di:zelʲlɔkɔmɔti:ve]
locomotiva (f) a vapor	lokomotīve (s)	[lɔkɔmɔti:ve]

| vagão (f) de passageiros | vagons (v) | [vagɔns] |
| vagão-restaurante (m) | restorānvagons (v) | [restɔra:nvagɔns] |

carris (m pl)	sliedes (s dsk)	[sliɛdes]
estrada (f) de ferro	dzelzceļš (v)	[dzelztselʲʃ]
travessa (f)	gulsnis (v)	[gulsnis]

plataforma (f)	platforma (s)	[platfɔrma]
linha (f)	ceļš (v)	[tselʲʃ]
semáforo (m)	semafors (v)	[sɛmafɔrs]
estação (f)	stacija (s)	[statsija]

maquinista (m)	mašīnists (v)	[maʃi:nists]
bagageiro (m)	nesējs (v)	[nɛse:js]
hospedeiro, -a (m, f)	pavadonis (v)	[pavadɔnis]
passageiro (m)	pasažieris (v)	[pasaʒiɛris]
revisor (m)	kontrolieris (v)	[kɔntrɔliɛris]

| corredor (m) | koridors (v) | [kɔridɔrs] |
| freio (m) de emergência | stop-krāns (v) | [stɔp-kra:ns] |

compartimento (m)	kupeja (s)	[kupeja]
cama (f)	plaukts (v)	[plaukts]
cama (f) de cima	augšējais plaukts (v)	[augʃe:jais plaukts]
cama (f) de baixo	apakšējais plaukts (v)	[apakʃe:jais plaukts]
roupa (f) de cama	gultas veļa (s)	[gultas vɛlʲa]

passagem (f)	biļete (s)	[bilʲɛte]
horário (m)	saraksts (v)	[saraksts]
painel (m) de informação	tablo (v)	[tablɔ]

partir (vt)	atiet	[atiɛt]
partida (f)	atiešana (s)	[atiɛʃana]
chegar (vi)	ierasties	[iɛrastiɛs]
chegada (f)	pienākšana (s)	[piɛna:kʃana]

chegar de trem	atbraukt ar vilcienu	[atbraukt ar viltsiɛnu]
pegar o trem	iekāpt vilcienā	[iɛka:pt viltsiɛna:]
descer de trem	izkāpt no vilciena	[izka:pt nɔ viltsiɛna]

| acidente (m) ferroviário | katastrofa (s) | [katastrofa] |
| descarrilar (vi) | noskriet no sliedēm | [nɔskriɛt nɔ sliɛde:m] |

locomotiva (f) a vapor	lokomotīve (s)	[lɔkɔmɔti:ve]
foguista (m)	kurinātājs (v)	[kurina:ta:js]
fornalha (f)	kurtuve (s)	[kurtuve]
carvão (m)	ogles (s dsk)	[ɔgles]

107. Barco

navio (m)	kuģis (v)	[kudʲis]
embarcação (f)	kuģis (v)	[kudʲis]
barco (m) a vapor	tvaikonis (v)	[tvaikɔnis]
barco (m) fluvial	motorkuģis (v)	[mɔtɔrkudʲis]
transatlântico (m)	laineris (v)	[laineris]
cruzeiro (m)	kreiseris (v)	[krɛiseris]
iate (m)	jahta (s)	[jaxta]
rebocador (m)	velkonis (v)	[velkɔnis]
barcaça (f)	barža (s)	[barʒa]
ferry (m)	prāmis (v)	[pra:mis]
veleiro (m)	burinieks (v)	[burinɛks]
bergantim (m)	brigantīna (s)	[briganti:na]
quebra-gelo (m)	ledlauzis (v)	[ledlauzis]
submarino (m)	zemūdene (s)	[zɛmu:dɛne]
bote, barco (m)	laiva (s)	[laiva]
baleeira (bote salva-vidas)	laiva (s)	[laiva]
bote (m) salva-vidas	glābšanas laiva (s)	[gla:bʃanas laiva]
lancha (f)	kuteris (v)	[kuteris]
capitão (m)	kapteinis (v)	[kaptɛinis]
marinheiro (m)	matrozis (v)	[matrɔzis]
marujo (m)	jūrnieks (v)	[ju:rnɛks]
tripulação (f)	apkalpe (s)	[apkalpe]
contramestre (m)	bocmanis (v)	[bɔtsmanis]
grumete (m)	junga (v)	[juŋga]
cozinheiro (m) de bordo	kuģa pavārs (v)	[kudʲa pava:rs]
médico (m) de bordo	kuģa ārsts (v)	[kudʲa a:rsts]
convés (m)	klājs (v)	[kla:js]
mastro (m)	masts (v)	[masts]
vela (f)	bura (s)	[bura]
porão (m)	tilpne (s)	[tilpne]
proa (f)	priekšgals (v)	[priɛkʃgals]
popa (f)	pakaļgals (v)	[pakalʲgals]
remo (m)	airis (v)	[airis]
hélice (f)	dzenskrūve (s)	[dzenskru:ve]
cabine (m)	kajīte (s)	[kaji:te]
sala (f) dos oficiais	kopkajīte (s)	[kɔpkaji:te]
sala (f) das máquinas	mašīnu nodaļa (s)	[maʃi:nu nɔdalʲa]
ponte (m) de comando	komandtiltiņš (v)	[kɔmandtiltiɲʃ]
sala (f) de comunicações	radio telpa (s)	[radiɔ telpa]
onda (f)	vilnis (v)	[vilnis]
diário (m) de bordo	kuģa žurnāls (v)	[kudʲa ʒurna:ls]
luneta (f)	tālskatis (v)	[ta:lskatis]
sino (m)	zvans (v)	[zvans]

bandeira (f)	karogs (v)	[karɔgs]
cabo (m)	tauva (s)	[tauva]
nó (m)	mezgls (v)	[mezgls]
corrimão (m)	rokturis (v)	[rɔkturis]
prancha (f) de embarque	traps (v)	[traps]
âncora (f)	enkurs (v)	[enkurs]
recolher a âncora	pacelt enkuru	[patselt enkuru]
jogar a âncora	izmest enkuru	[izmest enkuru]
amarra (corrente de âncora)	enkurķēde (s)	[enkurtʲɛːde]
porto (m)	osta (s)	[ɔsta]
cais, amarradouro (m)	piestātne (s)	[piɛstaːtne]
atracar (vi)	pietauvot	[piɛtauvɔt]
desatracar (vi)	atiet no krasta	[atiɛt nɔ krasta]
viagem (f)	ceļojums (v)	[tselʲɔjums]
cruzeiro (m)	kruīzs (v)	[kruiːzs]
rumo (m)	kurss (v)	[kurs]
itinerário (m)	maršruts (v)	[marʃruts]
canal (m) de navegação	kuģu ceļš (v)	[kudʲu tselʲʃ]
banco (m) de areia	sēklis (v)	[seːklis]
encalhar (vt)	uzsēsties uz sēkļa	[uzseːsties uz seːklʲa]
tempestade (f)	vētra (s)	[veːtra]
sinal (m)	signāls (v)	[signaːls]
afundar-se (vr)	grimt	[grimt]
Homem ao mar!	Cilvēks aiz borta!	[tsilveːks aiz bɔrta!]
SOS	SOS	[sɔs]
boia (f) salva-vidas	glābšanas riņķis (v)	[glaːbʃanas riɲtʲis]

108. Aeroporto

aeroporto (m)	lidosta (s)	[lidɔsta]
avião (m)	lidmašīna (s)	[lidmaʃiːna]
companhia (f) aérea	aviokompānija (s)	[aviɔkɔmpaːnija]
controlador (m) de tráfego aéreo	dispečers (v)	[dispetʃɛrs]
partida (f)	izlidojums (v)	[izlidɔjums]
chegada (f)	atlidošana (s)	[atlidɔʃana]
chegar (vi)	atlidot	[atlidɔt]
hora (f) de partida	izlidojuma laiks (v)	[izlidɔjuma laiks]
hora (f) de chegada	atlidošanās laiks (v)	[atlidɔʃanaːs laiks]
estar atrasado	kavēties	[kaveːtiɛs]
atraso (m) de voo	izlidojuma aizkavēšanās (s dsk)	[izlidɔjuma aizkaveːʃanaːs]
painel (m) de informação	informācijas tablo (v)	[infɔrmaːtsijas tablɔ]
informação (f)	informācija (s)	[infɔrmaːtsija]

103

anunciar (vt)	**paziņot**	[paziɲɔt]
voo (m)	**reiss** (v)	[rɛis]
alfândega (f)	**muita** (s)	[muita]
funcionário (m) da alfândega	**muitas ierēdnis** (v)	[muitas iɛre:dnis]
declaração (f) alfandegária	**muitas deklerācija** (s)	[muitas deklɛra:tsija]
preencher (vt)	**aizpildīt**	[aizpildi:t]
preencher a declaração	**aizpildīt deklarāciju**	[aizpildi:t deklara:tsiju]
controle (m) de passaporte	**pasu kontrole** (s)	[pasu kɔntrɔle]
bagagem (f)	**bagāža** (s)	[baga:ʒa]
bagagem (f) de mão	**rokas bagāža** (s)	[rɔkas baga:ʒa]
carrinho (m)	**bagāžas ratiņi** (v dsk)	[baga:ʒas ratiɲi]
pouso (m)	**nolaišanās** (s dsk)	[nɔlaiʃana:s]
pista (f) de pouso	**nosēšanās josla** (s)	[nɔse:ʃana:s jɔsla]
aterrissar (vi)	**nosēsties**	[nɔse:stiɛs]
escada (f) de avião	**traps** (v)	[traps]
check-in (m)	**reģistrācija** (s)	[redⁱistra:tsija]
balcão (m) do check-in	**reģistrācijas galdiņš** (v)	[redⁱistra:tsijas galdiɲʃ]
fazer o check-in	**piereģistrēties**	[piɛredⁱistre:tiɛs]
cartão (m) de embarque	**iekāpšanas talons** (v)	[iɛka:pʃanas talɔns]
portão (m) de embarque	**izeja** (s)	[izeja]
trânsito (m)	**tranzīts** (v)	[tranzi:ts]
esperar (vi, vt)	**gaidīt**	[gaidi:t]
sala (f) de espera	**uzgaidāmā telpa** (s)	[uzgaida:ma: telpa]
despedir-se (acompanhar)	**aizvadīt**	[aizvadi:t]
despedir-se (dizer adeus)	**atvadīties**	[atvadi:tiɛs]

Eventos

109. Férias. Evento

festa (f)	svētki (v dsk)	[sve:tki]
feriado (m) nacional	tautas svētki (v dsk)	[tautas sve:tki]
feriado (m)	svētku diena (s)	[sve:tku diɛna]
festejar (vt)	svinēt	[svine:t]
evento (festa, etc.)	notikums (v)	[nɔtikums]
evento (banquete, etc.)	pasākums (v)	[pasa:kums]
banquete (m)	bankets (v)	[bankets]
recepção (f)	pieņemšana (s)	[piɛɲemʃana]
festim (m)	mielasts (v)	[miɛlasts]
aniversário (m)	gadadiena (s)	[gadadiɛna]
jubileu (m)	jubileja (s)	[jubileja]
celebrar (vt)	atzīmēt	[atzi:me:t]
Ano (m) Novo	Jaungads (v)	[jauŋgads]
Feliz Ano Novo!	Laimīgu Jauno gadu!	[laimi:gu jaunɔ gadu!]
Natal (m)	Ziemassvētki (v dsk)	[ziɛmasve:tki]
Feliz Natal!	Priecīgus Ziemassvētkus!	[priɛtsi:gus ziɛmasve:tkus!]
árvore (f) de Natal	Ziemassvētku eglīte (s)	[ziɛmasve:tku egli:te]
fogos (m pl) de artifício	salūts (v)	[salu:ts]
casamento (m)	kāzas (s dsk)	[ka:zas]
noivo (m)	līgavainis (v)	[li:gavainis]
noiva (f)	līgava (s)	[li:gava]
convidar (vt)	ielūgt	[iɛlu:gt]
convite (m)	ielūgums (v)	[iɛlu:gums]
convidado (m)	viesis (v)	[viɛsis]
visitar (vt)	iet ciemos	[iɛt tsiɛmɔs]
receber os convidados	sagaidīt viesus	[sagaidi:t viɛsus]
presente (m)	dāvana (s)	[da:vana]
oferecer, dar (vt)	dāvināt	[da:vina:t]
receber presentes	saņemt dāvanu	[saɲemt da:vanu]
buquê (m) de flores	ziedu pušķis (v)	[ziɛdu puʃťis]
felicitações (f pl)	apsveikums (v)	[apsvɛikums]
felicitar (vt)	apsveikt	[apsvɛikt]
cartão (m) de parabéns	apsveikuma atklātne (s)	[apsvɛikuma atkla:tne]
enviar um cartão postal	nosūtīt atklātni	[nɔsu:ti:t atkla:tni]
receber um cartão postal	saņemt atklātni	[saɲemt atkla:tni]
brinde (m)	tosts (v)	[tɔsts]

oferecer (vt)	uzcienāt	[uztsiɛna:t]
champanhe (m)	šampanietis (v)	[ʃampaniɛtis]
divertir-se (vr)	līksmot	[li:ksmɔt]
diversão (f)	jautrība (s)	[jautri:ba]
alegria (f)	prieks (v)	[priɛks]
dança (f)	deja (s)	[deja]
dançar (vi)	dejot	[dejɔt]
valsa (f)	valsis (v)	[valsis]
tango (m)	tango (v)	[taŋgɔ]

110. Funerais. Enterro

cemitério (m)	kapsēta (s)	[kapsɛ:ta]
sepultura (f), túmulo (m)	kaps (v)	[kaps]
cruz (f)	krusts (v)	[krusts]
lápide (f)	kapakmens (v)	[kapakmens]
cerca (f)	žogs (v)	[ʒɔgs]
capela (f)	kapela (s)	[kapɛla]
morte (f)	nāve (s)	[na:ve]
morrer (vi)	nomirt	[nɔmirt]
defunto (m)	nelaiķis (v)	[nɛlaitʲis]
luto (m)	sēras (s dsk)	[sɛ:ras]
enterrar, sepultar (vt)	apglabāt	[apglaba:t]
funerária (f)	apbedīšanas birojs (v)	[apbedi:ʃanas birɔjs]
funeral (m)	bēres (s dsk)	[bɛ:res]
coroa (f) de flores	vainags (v)	[vainags]
caixão (m)	zārks (v)	[za:rks]
carro (m) funerário	katafalks (v)	[katafalks]
mortalha (f)	līķauts (v)	[li:tʲauts]
procissão (f) funerária	bēru procesija (s)	[bɛ:ru prɔtsesija]
urna (f) funerária	urna (s)	[urna]
crematório (m)	krematorija (s)	[krɛmatɔrija]
obituário (m), necrologia (f)	nekrologs (v)	[nekrɔlɔgs]
chorar (vi)	raudāt	[rauda:t]
soluçar (vi)	skaļi raudāt	[skalʲi rauda:t]

111. Guerra. Soldados

pelotão (m)	vads (v)	[vads]
companhia (f)	rota (s)	[rɔta]
regimento (m)	pulks (v)	[pulks]
exército (m)	armija (s)	[armija]
divisão (f)	divīzija (s)	[divi:zija]
esquadrão (m)	vienība (s)	[viɛni:ba]

hoste (f)	karaspēks (v)	[karaspe:ks]
soldado (m)	karavīrs (v)	[karavi:rs]
oficial (m)	virsnieks (v)	[virsniɛks]

soldado (m) raso	ierindnieks (v)	[iɛrindniɛks]
sargento (m)	seržants (v)	[serʒants]
tenente (m)	leitnants (v)	[lɛitnants]
capitão (m)	kapteinis (v)	[kaptɛinis]
major (m)	majors (v)	[majɔrs]
coronel (m)	pulkvedis (v)	[pulkvedis]
general (m)	ģenerālis (v)	[djɛnɛra:lis]

marujo (m)	jūrnieks (v)	[ju:rniɛks]
capitão (m)	kapteinis (v)	[kaptɛinis]
contramestre (m)	bocmanis (v)	[bɔtsmanis]

artilheiro (m)	artilērists (v)	[artile:rists]
soldado (m) paraquedista	desantnieks (v)	[dɛsantniɛks]
piloto (m)	lidotājs (v)	[lidɔta:js]
navegador (m)	stūrmanis (v)	[stu:rmanis]
mecânico (m)	mehāniķis (v)	[mexa:nitjis]

sapador-mineiro (m)	sapieris (v)	[sapiɛris]
paraquedista (m)	izpletņa lēcējs (v)	[izpletɲa le:tse:js]
explorador (m)	izlūks (v)	[izlu:ks]
atirador (m) de tocaia	snaiperis (v)	[snaiperis]

patrulha (f)	patruļa (s)	[patrulja]
patrulhar (vt)	patrulēt	[patrule:t]
sentinela (f)	sargs (v)	[sargs]

guerreiro (m)	karavīrs (v)	[karavi:rs]
patriota (m)	patriots (v)	[patriɔts]
herói (m)	varonis (v)	[varɔnis]
heroína (f)	varone (s)	[varɔne]

traidor (m)	nodevējs (v)	[nɔdɛve:js]
trair (vt)	nodot	[nɔdɔt]
desertor (m)	dezertieris (v)	[dɛzertiɛris]
desertar (vt)	dezertēt	[dɛzerte:t]

mercenário (m)	algotnis (v)	[algɔtnis]
recruta (m)	jauniesauktais (v)	[jauniɛsauktais]
voluntário (m)	brīvprātīgais (v)	[bri:vpra:ti:gais]

morto (m)	bojā gājušais (v)	[bɔja: ga:juʃais]
ferido (m)	ievainotais (v)	[iɛvainɔtais]
prisioneiro (m) de guerra	gūsteknis (v)	[gu:steknis]

112. Guerra. Ações militares. Parte 1

guerra (f)	karš (v)	[karʃ]
guerrear (vt)	karot	[karɔt]
guerra (f) civil	pilsoņu karš (v)	[pilsɔɲu karʃ]

perfidamente	nodevīgi	[nɔdevi:gi]
declaração (f) de guerra	kara pieteikšana (s)	[kara piɛtɛikʃana]
declarar guerra	pieteikt karu	[piɛtɛikt karu]
agressão (f)	agresija (s)	[agresija]
atacar (vt)	uzbrukt	[uzbrukt]
invadir (vt)	iebrukt	[iɛbrukt]
invasor (m)	iebrucējs (v)	[iɛbrutse:js]
conquistador (m)	iekarotājs (v)	[iɛkarɔta:js]
defesa (f)	aizsardzība (s)	[aizsardzi:ba]
defender (vt)	aizsargāt	[aizsarga:t]
defender-se (vr)	aizsargāties	[aizsarga:tiɛs]
inimigo (m)	ienaidnieks (v)	[iɛnaidniɛks]
adversário (m)	pretinieks (v)	[pretiniɛks]
inimigo (adj)	ienaidnieku	[iɛnaidniɛku]
estratégia (f)	stratēģija (s)	[strate:dʲija]
tática (f)	taktika (s)	[taktika]
ordem (f)	pavēle (s)	[pavɛ:le]
comando (m)	komanda (s)	[kɔmanda]
ordenar (vt)	pavēlēt	[pavɛ:le:t]
missão (f)	kara uzdevums (v)	[kara uzdɛvums]
secreto (adj)	slepens	[slɛpens]
batalha (f)	kauja (s)	[kauja]
combate (m)	cīņa (s)	[tsi:ɲa]
ataque (m)	uzbrukums (v)	[uzbrukums]
assalto (m)	trieciens (v)	[triɛtsiɛns]
assaltar (vt)	doties triecienā	[dɔties triɛtsiɛna:]
assédio, sítio (m)	aplenkums (v)	[aplenkums]
ofensiva (f)	uzbrukums (v)	[uzbrukums]
tomar à ofensiva	uzbrukt	[uzbrukt]
retirada (f)	atkāpšanās (s dsk)	[atka:pʃana:s]
retirar-se (vr)	atkāpties	[atka:ptiɛs]
cerco (m)	aplenkums (v)	[aplenkums]
cercar (vt)	aplenkt	[aplenkt]
bombardeio (m)	bombardēšana (s)	[bɔmbarde:ʃana]
lançar uma bomba	nomest bumbu	[nɔmest bumbu]
bombardear (vt)	bombardēt	[bɔmbarde:t]
explosão (f)	sprādziens (v)	[spra:dziɛns]
tiro (m)	šāviens (v)	[ʃa:viɛns]
dar um tiro	izšaut	[izʃaut]
tiroteio (m)	šaušana (s)	[ʃauʃana]
apontar para ...	tēmēt uz ...	[tɛ:me:t uz ...]
apontar (vt)	tēmēt	[tɛ:me:t]
acertar (vt)	trāpīt	[tra:pi:t]

afundar (~ um navio, etc.)	nogremdēt	[nɔgremde:t]
brecha (f)	caurums (v)	[tsaurums]
afundar-se (vr)	grimt dibenā	[grimt dibɛna:]
frente (m)	fronte (s)	[frɔnte]
evacuação (f)	evakuācija (s)	[ɛvakua:tsija]
evacuar (vt)	evakuēt	[ɛvakue:t]
trincheira (f)	tranšeja (s)	[tranʃeja]
arame (m) enfarpado	dzeloņstieple (s)	[dzelɔnstiɛple]
barreira (f) anti-tanque	nožogojums (v)	[nɔʒɔgɔjums]
torre (f) de vigia	tornis (v)	[tɔrnis]
hospital (m) militar	slimnīca (s)	[slimni:tsa]
ferir (vt)	ievainot	[iɛvainɔt]
ferida (f)	ievainojums (v)	[iɛvainɔjums]
ferido (m)	ievainotais (v)	[iɛvainɔtais]
ficar ferido	gūt ievainojumu	[gu:t iɛvainɔjumu]
grave (ferida ~)	smags ievainojums	[smags iɛvainɔjums]

113. Guerra. Ações militares. Parte 2

cativeiro (m)	gūsts (v)	[gu:sts]
capturar (vt)	saņemt gūstā	[saɲemt gu:sta:]
estar em cativeiro	būt gūstā	[bu:t gu:sta:]
ser aprisionado	nokļūt gūstā	[nɔklʲu:t gu:sta:]
campo (m) de concentração	koncentrācijas nometne (s)	[kɔntsentra:tsijas nɔmetne]
prisioneiro (m) de guerra	gūsteknis (v)	[gu:steknis]
escapar (vi)	izbēgt	[izbe:gt]
trair (vt)	nodot	[nɔdɔt]
traidor (m)	nodevējs (v)	[nɔdɛve:js]
traição (f)	nodevība (s)	[nɔdevi:ba]
fuzilar, executar (vt)	nošaut	[nɔʃaut]
fuzilamento (m)	nošaušana (s)	[nɔʃauʃana]
equipamento (m)	formas tērps (v)	[fɔrmas te:rps]
insígnia (f) de ombro	uzplecis (v)	[uzpletsis]
máscara (f) de gás	gāzmaska (s)	[ga:zmaska]
rádio (m)	rācija (s)	[ra:tsija]
cifra (f), código (m)	šifrs (v)	[ʃifrs]
conspiração (f)	konspirācija (s)	[kɔnspira:tsija]
senha (f)	parole (s)	[parɔle]
mina (f)	mīna (s)	[mi:na]
minar (vt)	nomīnēt	[nɔmi:ne:t]
campo (m) minado	mīnu lauks (v)	[mi:nu lauks]
alarme (m) aéreo	gaisa trauksme (s)	[gaisa trauksme]
alarme (m)	trauksmes signāls (v)	[trauksmes signa:ls]
sinal (m)	signāls (v)	[signa:ls]

sinalizador (m)	signālraķete (s)	[signa:lratʲɛte]
quartel-general (m)	štābs (v)	[ʃta:bs]
reconhecimento (m)	izlūkdienests (v)	[izlu:gdiɛnests]
situação (f)	stāvoklis (v)	[sta:vɔklis]
relatório (m)	ziņojums (v)	[ziɲɔjums]
emboscada (f)	slēpnis (v)	[sle:pnis]
reforço (m)	papildspēki (v dsk)	[papildspe:ki]
alvo (m)	mērķis (v)	[me:rtʲis]
campo (m) de tiro	poligons (v)	[pɔligɔns]
manobras (f pl)	manevri (v dsk)	[manevri]
pânico (m)	panika (s)	[panika]
devastação (f)	posti (v dsk)	[pɔsti]
ruínas (f pl)	postījumi (v dsk)	[pɔsti:jumi]
destruir (vt)	postīt	[pɔsti:t]
sobreviver (vi)	izdzīvot	[izdzi:vɔt]
desarmar (vt)	atbruņot	[atbruɲot]
manusear (vt)	apiešanās ar ieročiem	[apiɛʃana:s ar iɛrɔtʃiɛm]
Sentido!	Mierā!	[miɛra:!]
Descansar!	Brīvi!	[bri:vi!]
façanha (f)	varoņdarbs (v)	[varoɲdarbs]
juramento (m)	zvērests (v)	[zvɛ:rests]
jurar (vi)	zvērēt	[zvɛ:re:t]
condecoração (f)	balva (s)	[balva]
condecorar (vt)	apbalvot	[apbalvot]
medalha (f)	medaļa (s)	[mɛdalʲa]
ordem (f)	ordenis (v)	[ɔrdenis]
vitória (f)	uzvara (s)	[uzvara]
derrota (f)	sakāve (s)	[saka:ve]
armistício (m)	pamiers (v)	[pamiɛrs]
bandeira (f)	karogs (v)	[karɔgs]
glória (f)	slava (s)	[slava]
parada (f)	parāde (s)	[para:de]
marchar (vi)	maršēt	[marʃe:t]

114. Armas

arma (f)	ieroči (v dsk)	[iɛrɔtʃi]
arma (f) de fogo	šaujamieroči (v dsk)	[ʃaujamiɛrɔtʃi]
arma (f) branca	aukstie ieroči (v dsk)	[aukstiɛ iɛrɔtʃi]
arma (f) química	ķīmiskie ieroči (v dsk)	[tʲi:miskiɛ iɛrɔtʃi]
nuclear (adj)	kodolu	[kɔdɔlu]
arma (f) nuclear	kodolieroči (v dsk)	[kɔdɔliɛrɔtʃi]
bomba (f)	bumba (s)	[bumba]
bomba (f) atômica	atombumba (s)	[atɔmbumba]

pistola (f)	pistole (s)	[pistole]
rifle (m)	šautene (s)	[ʃautɛne]
semi-automática (f)	automāts (v)	[automa:ts]
metralhadora (f)	ložmetējs (v)	[loʒmɛte:js]

boca (f)	stops (v)	[stops]
cano (m)	stobrs (v)	[stobrs]
calibre (m)	kalibrs (v)	[kalibrs]

gatilho (m)	gailis (v)	[gailis]
mira (f)	tēmeklis (v)	[tɛ:meklis]
carregador (m)	magazīna (s)	[magazi:na]
coronha (f)	laide (s)	[laide]

| granada (f) de mão | granāta (s) | [grana:ta] |
| explosivo (m) | sprāgstviela (s) | [spra:gstviɛla] |

bala (f)	lode (s)	[lode]
cartucho (m)	patrona (s)	[patrona]
carga (f)	lādiņš (v)	[la:diɲʃ]
munições (f pl)	munīcija (s)	[muni:tsija]

bombardeiro (m)	bombardētājs (v)	[bombardɛ:ta:js]
avião (m) de caça	iznīcinātājs (v)	[izni:tsina:ta:js]
helicóptero (m)	helikopters (v)	[xelikoptɛrs]

canhão (m) antiaéreo	zenītlielgabals (v)	[zeni:tliɛlgabals]
tanque (m)	tanks (v)	[tanks]
canhão (de um tanque)	lielgabals (v)	[liɛlgabals]

artilharia (f)	artilērija (s)	[artile:rija]
canhão (m)	lielgabals (v)	[liɛlgabals]
fazer a pontaria	tēmēt	[tɛ:me:t]

projétil (m)	šāviņš (v)	[ʃa:viɲʃ]
granada (f) de morteiro	mīna (s)	[mi:na]
morteiro (m)	mīnmetējs (v)	[mi:nmɛte:js]
estilhaço (m)	šķemba (s)	[ʃtʲemba]

submarino (m)	zemūdene (s)	[zɛmu:dɛne]
torpedo (m)	torpēda (s)	[torpɛ:da]
míssil (m)	raķete (s)	[ratʲɛte]

| carregar (uma arma) | ielādēt | [iɛla:de:t] |
| disparar, atirar (vi) | šaut | [ʃaut] |

| apontar para ... | tēmēt uz ... | [tɛ:me:t uz ...] |
| baioneta (f) | durklis (v) | [durklis] |

espada (f)	zobens (v)	[zobens]
sabre (m)	līkais zobens (v)	[li:kais zobens]
lança (f)	šķēps (v)	[ʃtʲe:ps]
arco (m)	loks (v)	[loks]
flecha (f)	bulta (s)	[bulta]
mosquete (m)	muskete (s)	[muskɛte]
besta (f)	arbalets (v)	[arbalets]

115. Povos da antiguidade

primitivo (adj)	pirmatnējs	[pirmatne:js]
pré-histórico (adj)	aizvēsturisks	[aizve:sturisks]
antigo (adj)	sens	[sens]
Idade (f) da Pedra	akmens laikmets (v)	[akmens laikmets]
Idade (f) do Bronze	bronzas laikmets (v)	[bronzas laikmets]
Era (f) do Gelo	ledus periods (v)	[lɛdus periods]
tribo (f)	cilts (s)	[tsilts]
canibal (m)	kanibāls (v)	[kaniba:ls]
caçador (m)	mednieks (v)	[medniɛks]
caçar (vi)	medīt	[medi:t]
mamute (m)	mamuts (v)	[mamuts]
caverna (f)	ala (s)	[ala]
fogo (m)	uguns (v)	[uguns]
fogueira (f)	ugunskurs (v)	[ugunskurs]
pintura (f) rupestre	klinšu gleznojums (v)	[klinʃu gleznojums]
ferramenta (f)	darbarīks (v)	[darbari:ks]
lança (f)	šķēps (v)	[ʃtʲe:ps]
machado (m) de pedra	akmens cirvis (v)	[akmens tsirvis]
guerrear (vt)	karot	[karɔt]
domesticar (vt)	pieradināt dzīvniekus	[piɛradina:t dzi:vniɛkus]
ídolo (m)	elks (v)	[elks]
adorar, venerar (vt)	pielūgt	[piɛlu:gt]
superstição (f)	māŋticība (s)	[ma:ŋtitsi:ba]
ritual (m)	rituāls (v)	[ritua:ls]
evolução (f)	evolūcija (s)	[ɛvɔlu:tsija]
desenvolvimento (m)	attīstība (s)	[atti:sti:ba]
extinção (f)	izzušana (s)	[izzuʃana]
adaptar-se (vr)	pielāgoties	[piɛla:gotiɛs]
arqueologia (f)	arheoloģija (s)	[arxeolɔdʲija]
arqueólogo (m)	arheologs (v)	[arxeolɔgs]
arqueológico (adj)	arheoloģisks	[arxeolɔdʲisks]
escavação (sítio)	izrakumu vieta (s)	[izrakumu viɛta]
escavações (f pl)	izrakšanas darbi (v dsk)	[izrakʃanas darbi]
achado (m)	atradums (v)	[atradums]
fragmento (m)	fragments (v)	[fragments]

116. Idade média

povo (m)	tauta (s)	[tauta]
povos (m pl)	tautas (s dsk)	[tautas]
tribo (f)	cilts (s)	[tsilts]
tribos (f pl)	ciltis (s dsk)	[tsiltis]
bárbaros (pl)	barbari (v dsk)	[barbari]

galeses (pl)	**galli** (v dsk)	[galli]
godos (pl)	**goti** (v dsk)	[gɔti]
eslavos (pl)	**slāvi** (v dsk)	[sla:vi]
viquingues (pl)	**vikingi** (v dsk)	[vikiŋgi]
romanos (pl)	**romieši** (v dsk)	[rɔmiɛʃi]
romano (adj)	**Romas**	[rɔmas]
bizantinos (pl)	**bizantieši** (v dsk)	[bizantiɛʃi]
Bizâncio	**Bizantija** (s)	[bizantija]
bizantino (adj)	**bizantiešu**	[bizantiɛʃu]
imperador (m)	**imperators** (v)	[impɛratɔrs]
líder (m)	**vadonis** (v)	[vadɔnis]
poderoso (adj)	**varens**	[varens]
rei (m)	**karalis** (v)	[karalis]
governante (m)	**valdnieks** (v)	[valdniɛks]
cavaleiro (m)	**bruņinieks** (v)	[bruɲiniɛks]
senhor feudal (m)	**feodālis** (v)	[feɔda:lis]
feudal (adj)	**feodāļu**	[feɔda:lʲu]
vassalo (m)	**vasalis** (v)	[vasalis]
duque (m)	**hercogs** (v)	[xertsɔgs]
conde (m)	**grāfs** (v)	[gra:fs]
barão (m)	**barons** (v)	[barɔns]
bispo (m)	**bīskaps** (v)	[bi:skaps]
armadura (f)	**bruņas** (s dsk)	[bruɲas]
escudo (m)	**vairogs** (v)	[vairɔgs]
espada (f)	**šķēps** (v)	[ʃtʲe:ps]
viseira (f)	**sejsegs** (v)	[sejsegs]
cota (f) de malha	**bruņu krekls** (v)	[bruɲu krekls]
cruzada (f)	**krusta gājiens** (v)	[krusta ga:jiɛns]
cruzado (m)	**krustnesis** (v)	[krustnesis]
território (m)	**teritorija** (s)	[teritɔrija]
atacar (vt)	**uzbrukt**	[uzbrukt]
conquistar (vt)	**iekarot**	[iɛkarɔt]
ocupar, invadir (vt)	**sagrābt**	[sagra:bt]
assédio, sítio (m)	**aplenkums** (v)	[aplenkums]
sitiado (adj)	**aplenkts**	[aplenkts]
assediar, sitiar (vt)	**aplenkt**	[aplenkt]
inquisição (f)	**inkvizīcija** (s)	[inkvizi:tsija]
inquisidor (m)	**inkvizitors** (v)	[inkvizitɔrs]
tortura (f)	**spīdzināšana** (s)	[spi:dzina:ʃana]
cruel (adj)	**nežēlīgs**	[neʒe:li:gs]
herege (m)	**ķecerība** (s)	[tʲetseri:ba]
heresia (f)	**ķeceris** (v)	[tʲetseris]
navegação (f) marítima	**jūrniecība** (s)	[ju:rniɛtsi:ba]
pirata (m)	**pirāts** (v)	[pira:ts]
pirataria (f)	**pirātisms** (v)	[pira:tisms]

abordagem (f)	abordāža (s)	[abɔrda:ʒa]
presa (f), butim (m)	laupījums (v)	[laupi:jums]
tesouros (m pl)	dārgumi (v dsk)	[da:rgumi]

descobrimento (m)	atklāšana (s)	[atkla:ʃana]
descobrir (novas terras)	atklāt	[atkla:t]
expedição (f)	ekspedīcija (s)	[ekspedi:tsija]

mosqueteiro (m)	musketieris (v)	[musketiɛris]
cardeal (m)	kardināls (v)	[kardina:ls]
heráldica (f)	heraldika (s)	[xɛraldika]
heráldico (adj)	heraldisks	[xɛraldisks]

117. Líder. Chefe. Autoridades

rei (m)	karalis (v)	[karalis]
rainha (f)	karaliene (s)	[karaliɛne]
real (adj)	karalisks	[karalisks]
reino (m)	karaliste (s)	[karaliste]

príncipe (m)	princis (v)	[printsis]
princesa (f)	princese (s)	[printsɛse]

presidente (m)	prezidents (v)	[prezidents]
vice-presidente (m)	viceprezidents (v)	[vitseprezidents]
senador (m)	senators (v)	[sɛnatɔrs]

monarca (m)	monarhs (v)	[mɔnarxs]
governante (m)	valdnieks (v)	[valdniɛks]
ditador (m)	diktators (v)	[diktatɔrs]
tirano (m)	tirāns (v)	[tira:ns]
magnata (m)	magnāts (v)	[magna:ts]

diretor (m)	direktors (v)	[direktɔrs]
chefe (m)	šefs (v)	[ʃefs]
gerente (m)	pārvaldnieks (v)	[pa:rvaldniɛks]
patrão (m)	boss (v)	[bɔs]
dono (m)	saimnieks (v)	[saimniɛks]

líder (m)	vadītājs, līderis (v)	[vadi:ta:js], [li:deris]
chefe (m)	galva (s)	[galva]
autoridades (f pl)	vara (s)	[vara]
superiores (m pl)	priekšniecība (s)	[priɛkʃniɛtsi:ba]

governador (m)	gubernators (v)	[gubernatɔrs]
cônsul (m)	konsuls (v)	[kɔnsuls]
diplomata (m)	diplomāts (v)	[diplɔma:ts]
Presidente (m) da Câmara	mērs (v)	[mɛ:rs]
xerife (m)	šerifs (v)	[ʃerifs]

imperador (m)	imperators (v)	[impɛratɔrs]
czar (m)	cars (v)	[tsars]
faraó (m)	faraons (v)	[faraɔns]
cã, khan (m)	hans (v)	[xans]

118. Violação da lei. Criminosos. Parte 1

bandido (m)	bandīts (v)	[bandi:ts]
crime (m)	noziegums (v)	[nɔziɛgums]
criminoso (m)	noziedznieks (v)	[nɔziɛdzniɛks]

ladrão (m)	zaglis (v)	[zaglis]
roubar (vt)	zagt	[zagt]
roubo (atividade)	zagšana (s)	[zagʃana]
furto (m)	zādzība (s)	[za:dzi:ba]

raptar, sequestrar (vt)	nolaupīt	[nɔlaupi:t]
sequestro (m)	nolaupīšana (s)	[nɔlaupi:ʃana]
sequestrador (m)	laupītājs (v)	[laupi:ta:js]

resgate (m)	izpirkums (v)	[izpirkums]
pedir resgate	prasīt izpirkumu	[prasi:t izpirkumu]

roubar (vt)	aplaupīt	[aplaupi:t]
assalto, roubo (m)	aplaupīšana (s)	[aplaupi:ʃana]
assaltante (m)	laupītājs (v)	[laupi:ta:js]

extorquir (vt)	izspiest	[izspiɛst]
extorsionário (m)	izspiedējs (v)	[izspiɛde:js]
extorsão (f)	izspiešana (s)	[izspiɛʃana]

matar, assassinar (vt)	noslepkavot	[nɔslepkavɔt]
homicídio (m)	slepkavība (s)	[slepkavi:ba]
homicida, assassino (m)	slepkava (v)	[slepkava]

tiro (m)	šāviens (v)	[ʃa:viɛns]
dar um tiro	izšaut	[izʃaut]
matar a tiro	nošaut	[nɔʃaut]
disparar, atirar (vi)	šaut	[ʃaut]
tiroteio (m)	šaušana (s)	[ʃauʃana]

incidente (m)	notikums (v)	[nɔtikums]
briga (~ de rua)	kautiņš (v)	[kautiɲʃ]
Socorro!	Palīgā!	[pali:ga:!]
vítima (f)	upuris (v)	[upuris]

danificar (vt)	sabojāt	[sabɔja:t]
dano (m)	kaitējums (v)	[kaite:jums]
cadáver (m)	līķis (v)	[li:tʲis]
grave (adj)	smags noziegums	[smags nɔziɛgums]

atacar (vt)	uzbrukt	[uzbrukt]
bater (espancar)	sist	[sist]
espancar (vt)	piekaut	[piɛkaut]
tirar, roubar (dinheiro)	atņemt	[atɲemt]
esfaquear (vt)	nodurt	[nɔdurt]
mutilar (vt)	sakropļot	[sakrɔplʲɔt]
ferir (vt)	ievainot	[iɛvainɔt]
chantagem (f)	šantāža (s)	[ʃanta:ʒa]
chantagear (vt)	šantažēt	[ʃantaʒe:t]

chantagista (m)	šantāžists (v)	[ʃanta:ʒists]
extorsão (f)	rekets (v)	[rɛkets]
extorsionário (m)	reketieris (v)	[rɛketiɛris]
gângster (m)	gangsteris (v)	[gaŋgsteris]
máfia (f)	mafija (s)	[mafija]

punguista (m)	kabatzaglis (v)	[kabatzaglis]
assaltante, ladrão (m)	kramplauzis (v)	[kramplauzis]
contrabando (m)	kontrabanda (s)	[kontrabanda]
contrabandista (m)	kontrabandists (v)	[kontrabandists]

falsificação (f)	viltojums (v)	[viltojums]
falsificar (vt)	viltot	[viltot]
falsificado (adj)	viltots	[viltots]

119. Violação da lei. Criminosos. Parte 2

estupro (m)	izvarošana (s)	[izvaroʃana]
estuprar (vt)	izvarot	[izvarot]
estuprador (m)	izvarotājs (v)	[izvarota:js]
maníaco (m)	maniaks (v)	[maniaks]

prostituta (f)	prostitūta (s)	[prostitu:ta]
prostituição (f)	prostitūcija (s)	[prostitu:tsija]
cafetão (m)	suteners (v)	[sutɛnɛrs]

drogado (m)	narkomāns (v)	[narkoma:ns]
traficante (m)	narkotiku tirgotājs (v)	[narkotiku tirgota:js]

explodir (vt)	uzspridzināt	[uzspridzina:t]
explosão (f)	sprādziens (v)	[spra:dziɛns]
incendiar (vt)	aizdedzināt	[aizdedzina:t]
incendiário (m)	dedzinātājs (v)	[dedzina:ta:js]

terrorismo (m)	terorisms (v)	[terorisms]
terrorista (m)	terorists (v)	[terorists]
refém (m)	ķīlnieks (v)	[tʲi:lniɛks]

enganar (vt)	piekrāpt	[piɛkra:pt]
engano (m)	krāpšana (s)	[kra:pʃana]
vigarista (m)	krāpnieks (v)	[kra:pniɛks]

subornar (vt)	piekukuļot	[piɛkukuļot]
suborno (atividade)	piekukuļošana (s)	[piɛkukuļoʃana]
suborno (dinheiro)	kukulis (v)	[kukulis]

veneno (m)	inde (s)	[inde]
envenenar (vt)	noindēt	[noinde:t]
envenenar-se (vr)	noindēties	[noinde:tiɛs]

suicídio (m)	pašnāvība (s)	[paʃna:vi:ba]
suicida (m)	pašnāvnieks (v)	[paʃna:vniɛks]
ameaçar (vt)	draudēt	[draude:t]
ameaça (f)	drauds (v)	[drauds]

| atentar contra a vida de ... | mēģinājums | [me:dʲina:jums] |
| atentado (m) | slepkavības mēģinājums (v) | [slepkavi:bas me:dʲina:jums] |

| roubar (um carro) | aizdzīt | [aizdzi:t] |
| sequestrar (um avião) | aizdzīt | [aizdzi:t] |

| vingança (f) | atriebība (s) | [atriɛbi:ba] |
| vingar (vt) | atriebties | [atriɛbtiɛs] |

torturar (vt)	spīdzināt	[spi:dzina:t]
tortura (f)	spīdzināšana (s)	[spi:dzina:ʃana]
atormentar (vt)	mocīt	[mɔtsi:t]

pirata (m)	pirāts (v)	[pira:ts]
desordeiro (m)	huligāns (v)	[xuliga:ns]
armado (adj)	apbruņots	[apbruɲots]
violência (f)	varmācība (s)	[varma:tsi:ba]
ilegal (adj)	nelikumīgs	[nelikumi:gs]

| espionagem (f) | spiegošana (s) | [spiɛgɔʃana] |
| espionar (vi) | spiegot | [spiɛgɔt] |

120. Polícia. Lei. Parte 1

| justiça (sistema de ~) | tiesas spriešana (s) | [tiɛsas spriɛʃana] |
| tribunal (m) | tiesa (s) | [tiɛsa] |

juiz (m)	tiesnesis (v)	[tiɛsnesis]
jurados (m pl)	zvērinātie (v dsk)	[zve:rina:tiɛ]
tribunal (m) do júri	zvērināto tiesa (s)	[zve:rina:tɔ tiɛsa]
julgar (vt)	spriest	[spriɛst]

advogado (m)	advokāts (v)	[advɔka:ts]
réu (m)	tiesājamais (v)	[tiɛsa:jamais]
banco (m) dos réus	apsūdzēto sols (v)	[apsu:dze:tɔ sɔls]

| acusação (f) | apsūdzība (s) | [apsu:dzi:ba] |
| acusado (m) | apsūdzētais (v) | [apsu:dzɛ:tais] |

| sentença (f) | spriedums (v) | [spriɛdums] |
| sentenciar (vt) | piespriest | [piɛspriɛst] |

culpado (m)	vaininieks (v)	[vaininiɛks]
punir (vt)	sodīt	[sɔdi:t]
punição (f)	sods (v)	[sɔds]

multa (f)	soda nauda (s)	[sɔda nauda]
prisão (f) perpétua	mūža ieslodzījums (v)	[mu:ʒa iɛslɔdzi:jums]
pena (f) de morte	nāves sods (v)	[na:ves sɔds]
cadeira (f) elétrica	elektriskais krēsls (v)	[ɛlektriskais kre:sls]
forca (f)	karātavas (s dsk)	[kara:tavas]

| executar (vt) | sodīt ar nāvi | [sɔdi:t ar na:vi] |
| execução (f) | nāves soda izpilde (s) | [na:ves sɔda izpilde] |

prisão (f)	cietums (v)	[tsiɛtums]
cela (f) de prisão	kamera (s)	[kamɛra]
escolta (f)	konvojs (v)	[kɔnvɔjs]
guarda (m) prisional	uzraugs (v)	[uzraugs]
preso, prisioneiro (m)	ieslodzītais (v)	[iɛslɔdzi:tais]
algemas (f pl)	roku dzelži (v dsk)	[rɔku dzelʒi]
algemar (vt)	ieslēgt roku dzelžos	[iɛsle:gt rɔku dzelʒɔs]
fuga, evasão (f)	izbēgšana no cietuma (s)	[izbe:gʃana nɔ tsiɛtuma]
fugir (vi)	bēgt no cietuma	[be:gt nɔ tsiɛtuma]
desaparecer (vi)	pazust	[pazust]
soltar, libertar (vt)	atbrīvot	[atbri:vɔt]
anistia (f)	amnestija (s)	[amnestija]
polícia (instituição)	policija (s)	[pɔlitsija]
polícia (m)	policists (v)	[pɔlitsists]
delegacia (f) de polícia	policijas iecirknis (v)	[pɔlitsijas iɛtsirknis]
cassetete (m)	gumijas nūja (s)	[gumijas nu:ja]
megafone (m)	rupors (v)	[rupɔrs]
carro (m) de patrulha	patruļa mašīna (s)	[patruļa maʃi:na]
sirene (f)	sirēna (s)	[sirɛ:na]
ligar a sirene	ieslēgt sirēnu	[iɛsle:gt sirɛ:nu]
toque (m) da sirene	sirēnas gaudošana (s)	[sirɛ:nas gaudɔʃana]
cena (f) do crime	notikuma vieta (s)	[nɔtikuma viɛta]
testemunha (f)	liecinieks (v)	[liɛtsiniɛks]
liberdade (f)	brīvība (s)	[bri:vi:ba]
cúmplice (m)	līdzzinātājs (v)	[li:dzzina:ta:js]
escapar (vi)	paslēpties	[pasle:ptiɛs]
traço (não deixar ~s)	pēda (s)	[pɛ:da]

121. Polícia. Lei. Parte 2

procura (f)	meklēšana (s)	[mekle:ʃana]
procurar (vt)	meklēt ...	[mekle:t ...]
suspeita (f)	aizdomas (s dsk)	[aizdɔmas]
suspeito (adj)	aizdomīgs	[aizdɔmi:gs]
parar (veículo, etc.)	apturēt	[apture:t]
deter (fazer parar)	aizturēt	[aizture:t]
caso (~ criminal)	lieta (s)	[liɛta]
investigação (f)	izmeklēšana (s)	[izmekle:ʃana]
detetive (m)	detektīvs (v)	[dɛtekti:vs]
investigador (m)	izmeklētājs (v)	[izmeklɛ:ta:js]
versão (f)	versija (s)	[vɛrsija]
motivo (m)	motīvs (v)	[mɔti:vs]
interrogatório (m)	pratināšana (s)	[pratina:ʃana]
interrogar (vt)	pratināt	[pratina:t]
questionar (vt)	aptaujāt	[aptauja:t]
verificação (f)	pārbaude (s)	[pa:rbaude]

batida (f) policial	tvarstīšana (s)	[tvarsti:ʃana]
busca (f)	kratīšana (s)	[krati:ʃana]
perseguição (f)	pakaļdzīšanās (s)	[pakalˈdzi:ʃana:s]
perseguir (vt)	vajāt	[vaja:t]
seguir, rastrear (vt)	atsekot	[atsekɔt]

prisão (f)	arests (v)	[arests]
prender (vt)	arestēt	[areste:t]
pegar, capturar (vt)	noķert	[nɔtˈert]
captura (f)	satveršana (s)	[satverʃana]

documento (m)	dokuments (v)	[dɔkuments]
prova (f)	pierādījums (v)	[piɛra:di:jums]
provar (vt)	pierādīt	[piɛra:di:t]
pegada (f)	pēda (s)	[pɛ:da]
impressões (f pl) digitais	pirkstu nospiedumi (v dsk)	[pirkstu nɔspiɛdumi]
prova (f)	pierādījums (v)	[piɛra:di:jums]

álibi (m)	alibi (v)	[alibi]
inocente (adj)	nevainīgais	[nɛvaini:gais]
injustiça (f)	netaisnība (s)	[nɛtaisni:ba]
injusto (adj)	netaisnīgs	[nɛtaisni:gs]

criminal (adj)	kriminālais	[krimina:lais]
confiscar (vt)	konfiscēt	[kɔnfistse:t]
droga (f)	narkotiska viela (s)	[narkɔtiska viɛla]
arma (f)	ierocis (v)	[iɛrɔtsis]
desarmar (vt)	atbruņot	[atbruɲot]
ordenar (vt)	pavēlēt	[pavɛ:le:t]
desaparecer (vi)	pazust	[pazust]

lei (f)	likums (v)	[likums]
legal (adj)	likumīgs	[likumi:gs]
ilegal (adj)	nelikumīgs	[nelikumi:gs]

| responsabilidade (f) | atbildība (s) | [atbildi:ba] |
| responsável (adj) | atbildīgais | [atbildi:gais] |

NATUREZA

A Terra. Parte 1

122. Espaço sideral

espaço, cosmo (m)	**kosmoss** (v)	[kɔsmɔs]
espacial, cósmico (adj)	**kosmiskais**	[kɔsmiskais]
espaço (m) cósmico	**kosmiskā telpa** (s)	[kɔsmiska: telpa]
mundo (m)	**visums** (v)	[visums]
universo (m)	**pasaule** (s)	[pasaule]
galáxia (f)	**galaktika** (s)	[galaktika]
estrela (f)	**zvaigzne** (s)	[zvaigzne]
constelação (f)	**zvaigznājs** (v)	[zvaigzna:js]
planeta (m)	**planēta** (s)	[planɛ:ta]
satélite (m)	**pavadonis** (v)	[pavadonis]
meteorito (m)	**meteorīts** (v)	[mɛteɔri:ts]
cometa (m)	**komēta** (s)	[kɔmɛ:ta]
asteroide (m)	**asteroīds** (v)	[asterɔi:ds]
órbita (f)	**orbīta** (s)	[ɔrbi:ta]
girar (vi)	**griezties ap**	[griɛzties ap]
atmosfera (f)	**atmosfēra** (s)	[atmɔsfɛ:ra]
Sol (m)	**Saule** (s)	[saule]
Sistema (m) Solar	**Saules sistēma** (s)	[saules sistɛ:ma]
eclipse (m) solar	**Saules aptumsums** (v)	[saules aptumsums]
Terra (f)	**Zeme** (s)	[zɛme]
Lua (f)	**Mēness** (v)	[mɛ:nes]
Marte (m)	**Marss** (v)	[mars]
Vênus (f)	**Venēra** (s)	[vɛnɛ:ra]
Júpiter (m)	**Jupiters** (v)	[jupitɛrs]
Saturno (m)	**Saturns** (v)	[saturns]
Mercúrio (m)	**Merkus** (v)	[merkus]
Urano (m)	**Urāns** (v)	[ura:ns]
Netuno (m)	**Neptūns** (v)	[neptu:ns]
Plutão (m)	**Plutons** (v)	[plutɔns]
Via Láctea (f)	**Piena ceļš** (v)	[piɛna tselʲʃ]
Ursa Maior (f)	**Lielais Lācis** (v)	[liɛlais la:tsis]
Estrela Polar (f)	**Polārzvaigzne** (s)	[pola:rzvaigzne]
marciano (m)	**marsietis** (v)	[marsiɛtis]
extraterrestre (m)	**citplanētietis** (v)	[tsitplane:tiɛtis]

alienígena (m)	atnācējs (v)	[atna:tse:js]
disco (m) voador	lidojošais šķīvis (v)	[lidojoʃais ʃʲi:vis]
espaçonave (f)	kosmiskais kuģis (v)	[kɔsmiskais kudʲis]
estação (f) orbital	orbitālā stacija (s)	[ɔrbita:la: statsija]
lançamento (m)	starts (v)	[starts]
motor (m)	dzinējs (v)	[dzine:js]
bocal (m)	sprausla (s)	[sprausla]
combustível (m)	degviela (s)	[degviɛla]
cabine (f)	kabīne (s)	[kabi:ne]
antena (f)	antena (s)	[antɛna]
vigia (f)	iluminators (v)	[iluminatɔrs]
bateria (f) solar	saules baterija (s)	[saules baterija]
traje (m) espacial	skafandrs (v)	[skafandrs]
imponderabilidade (f)	bezsvara stāvoklis (v)	[bezsvara sta:vɔklis]
oxigênio (m)	skābeklis (v)	[ska:beklis]
acoplagem (f)	savienošanās (s)	[saviɛnɔʃana:s]
fazer uma acoplagem	savienoties	[saviɛnɔtiɛs]
observatório (m)	observatorija (s)	[ɔbservatɔrija]
telescópio (m)	teleskops (v)	[tɛleskɔps]
observar (vt)	novērot	[nɔve:rɔt]
explorar (vt)	pētīt	[pe:ti:t]

123. A Terra

Terra (f)	Zeme (s)	[zɛme]
globo terrestre (Terra)	zemeslode (s)	[zɛmeslɔde]
planeta (m)	planēta (s)	[planɛ:ta]
atmosfera (f)	atmosfēra (s)	[atmɔsfɛ:ra]
geografia (f)	ģeogrāfija (s)	[dʲeɔgra:fija]
natureza (f)	daba (s)	[daba]
globo (mapa esférico)	globuss (v)	[glɔbus]
mapa (m)	karte (s)	[karte]
atlas (m)	atlants (v)	[atlants]
Europa (f)	Eiropa (s)	[ɛirɔpa]
Ásia (f)	Āzija (s)	[a:zija]
África (f)	Āfrika (s)	[a:frika]
Austrália (f)	Austrālija (s)	[austra:lija]
América (f)	Amerika (s)	[amerika]
América (f) do Norte	Ziemeļamerika (s)	[ziɛmɛlʲamerika]
América (f) do Sul	Dienvidamerika (s)	[diɛnvidamerika]
Antártida (f)	Antarktīda (s)	[antarkti:da]
Ártico (m)	Arktika (s)	[arktika]

124. Pontos cardeais

norte (m)	ziemeļi (v dsk)	[ziɛmelʲi]
para norte	uz ziemeļiem	[uz ziɛmelʲiɛm]
no norte	ziemeļos	[ziɛmelʲɔs]
do norte (adj)	ziemeļu	[ziɛmɛlʲu]
sul (m)	dienvidi (v dsk)	[diɛnvidi]
para sul	uz dienvidiem	[uz diɛnvidiɛm]
no sul	dienvidos	[diɛnvidɔs]
do sul (adj)	dienvidu	[diɛnvidu]
oeste, ocidente (m)	rietumi (v dsk)	[riɛtumi]
para oeste	uz rietumiem	[uz riɛtumiɛm]
no oeste	rietumos	[riɛtumɔs]
ocidental (adj)	rietumu	[riɛtumu]
leste, oriente (m)	austrumi (v dsk)	[austrumi]
para leste	uz austrumiem	[uz austrumiɛm]
no leste	austrumos	[austrumɔs]
oriental (adj)	austrumu	[austrumu]

125. Mar. Oceano

mar (m)	jūra (s)	[juːra]
oceano (m)	okeāns (v)	[ɔkeaːns]
golfo (m)	jūras līcis (v)	[juːras liːtsis]
estreito (m)	jūras šaurums (v)	[juːras ʃaurums]
terra (f) firme	sauszeme (s)	[sauszɛme]
continente (m)	kontinents (v)	[kontinents]
ilha (f)	sala (s)	[sala]
península (f)	pussala (s)	[pusala]
arquipélago (m)	arhipelāgs (v)	[arxipɛlaːgs]
baía (f)	līcis (v)	[liːtsis]
porto (m)	osta (s)	[ɔsta]
lagoa (f)	lagūna (s)	[laguːna]
cabo (m)	zemesrags (v)	[zɛmesrags]
atol (m)	atols (v)	[atɔls]
recife (m)	rifs (v)	[rifs]
coral (m)	korallis (v)	[kɔrallis]
recife (m) de coral	koraļļu rifs (v)	[kɔrallʲu rifs]
profundo (adj)	dziļš	[dzilʲʃ]
profundidade (f)	dziļums (v)	[dzilʲums]
abismo (m)	dzelme (s)	[dzelme]
fossa (f) oceânica	ieplaka (s)	[iɛplaka]
corrente (f)	straume (s)	[straume]
banhar (vt)	apskalot	[apskalɔt]
litoral (m)	krasts (v)	[krasts]

costa (f)	piekraste (s)	[piɛkraste]
maré (f) alta	paisums (v)	[paisums]
refluxo (m)	bēgums (v)	[bɛ:gums]
restinga (f)	sēklis (v)	[se:klis]
fundo (m)	gultne (s)	[gultne]
onda (f)	vilnis (v)	[vilnis]
crista (f) da onda	viļņa mugura (s)	[viļʲŋa mugura]
espuma (f)	putas (s)	[putas]
tempestade (f)	vētra (s)	[ve:tra]
furacão (m)	viesulis (v)	[viɛsulis]
tsunami (m)	cunami (v)	[tsunami]
calmaria (f)	bezvējš (v)	[bezve:jʃ]
calmo (adj)	mierīgs	[miɛri:gs]
polo (m)	pols (v)	[pɔls]
polar (adj)	polārais	[pɔla:rais]
latitude (f)	platums (v)	[platums]
longitude (f)	garums (v)	[garums]
paralela (f)	paralēle (s)	[paralɛ:le]
equador (m)	ekvators (v)	[ekvatɔrs]
céu (m)	debess (s)	[dɛbes]
horizonte (m)	horizonts (v)	[xɔrizɔnts]
ar (m)	gaiss (v)	[gais]
farol (m)	bāka (s)	[ba:ka]
mergulhar (vi)	nirt	[nirt]
afundar-se (vr)	nogrimt	[nɔgrimt]
tesouros (m pl)	dārgumi (v dsk)	[da:rgumi]

126. Nomes de Mares e Oceanos

Oceano (m) Atlântico	Atlantijas okeāns (v)	[atlantijas ɔkea:ns]
Oceano (m) Índico	Indijas okeāns (v)	[indijas ɔkea:ns]
Oceano (m) Pacífico	Klusais okeāns (v)	[klusais ɔkea:ns]
Oceano (m) Ártico	Ziemeļu Ledus okeāns (v)	[ziɛmɛlʲu lɛdus ɔkea:ns]
Mar (m) Negro	Melnā jūra (s)	[melna: ju:ra]
Mar (m) Vermelho	Sarkanā jūra (s)	[sarkana: ju:ra]
Mar (m) Amarelo	Dzeltenā jūra (s)	[dzeltɛna: ju:ra]
Mar (m) Branco	Baltā jūra (s)	[balta: ju:ra]
Mar (m) Cáspio	Kaspijas jūra (s)	[kaspijas ju:ra]
Mar (m) Morto	Nāves jūra (s)	[na:ves ju:ra]
Mar (m) Mediterrâneo	Vidusjūra (s)	[vidusju:ra]
Mar (m) Egeu	Egejas jūra (s)	[ɛgejas ju:ra]
Mar (m) Adriático	Adrijas jūra (s)	[adrijas ju:ra]
Mar (m) Arábico	Arābijas jūra (s)	[ara:bijas ju:ra]
Mar (m) do Japão	Japāņu jūra (s)	[japa:ŋu ju:ra]

Mar (m) de Bering	Beringa jūra (s)	[beriŋga ju:ra]
Mar (m) da China Meridional	Dienvidķīnas jūra (s)	[diɛnvidtʲi:nas ju:ra]
Mar (m) de Coral	Koraļļu jūra (s)	[kɔrallʲu ju:ra]
Mar (m) de Tasman	Tasmāna jūra (s)	[tasma:na ju:ra]
Mar (m) do Caribe	Karĩbu jūra (s)	[kari:bu ju:ra]
Mar (m) de Barents	Barenca jūra (s)	[barentsa ju:ra]
Mar (m) de Kara	Karas jūra (s)	[karas ju:ra]
Mar (m) do Norte	Ziemeļjūra (s)	[ziɛmelʲju:ra]
Mar (m) Báltico	Baltijas jūra (s)	[baltijas ju:ra]
Mar (m) da Noruega	Norvēģu jūra (s)	[nɔrvɛ:dʲu ju:ra]

127. Montanhas

montanha (f)	kalns (v)	[kalns]
cordilheira (f)	kalnu virkne (s)	[kalnu virkne]
serra (f)	kalnu grēda (s)	[kalnu grɛ:da]
cume (m)	virsotne (s)	[virsɔtne]
pico (m)	smaile (s)	[smaile]
pé (m)	pakāje (s)	[paka:je]
declive (m)	nogāze (s)	[nɔga:ze]
vulcão (m)	vulkāns (v)	[vulka:ns]
vulcão (m) ativo	darvojošais vulkāns (v)	[darvɔjɔʃais vulka:ns]
vulcão (m) extinto	nodzisušais vulkāns (v)	[nɔdzisuʃais vulka:ns]
erupção (f)	izvirdums (v)	[izvirdums]
cratera (f)	krāteris (v)	[kra:teris]
magma (m)	magma (s)	[magma]
lava (f)	lava (s)	[lava]
fundido (lava ~a)	karstais	[karstais]
cânion, desfiladeiro (m)	kanjons (v)	[kanjɔns]
garganta (f)	aiza (s)	[aiza]
fenda (f)	plaisa (s)	[plaisa]
precipício (m)	bezdibenis (v)	[bezdibenis]
passo, colo (m)	pāreja (s)	[pa:reja]
planalto (m)	plato (v)	[platɔ]
falésia (f)	klints (s)	[klints]
colina (f)	pakalns (v)	[pakalns]
geleira (f)	ledājs (v)	[lɛda:js]
cachoeira (f)	ūdenskritums (v)	[u:denskritums]
gêiser (m)	geizers (v)	[gɛizɛrs]
lago (m)	ezers (v)	[ɛzɛrs]
planície (f)	līdzenums (v)	[li:dzenums]
paisagem (f)	ainava (s)	[ainava]
eco (m)	atbalss (s)	[atbals]
alpinista (m)	alpīnists (v)	[alpi:nists]

escalador (m)	klinšu kāpējs (v)	[klinʃu ka:pe:js]
conquistar (vt)	iekarot	[iɛkarɔt]
subida, escalada (f)	uzkāpšana (s)	[uzka:pʃana]

128. Nomes de montanhas

Alpes (m pl)	Alpi (v dsk)	[alpi]
Monte Branco (m)	Monblāns (v)	[mɔnbla:ns]
Pirineus (m pl)	Pireneji (v dsk)	[pirɛneji]

Cárpatos (m pl)	Karpati (v dsk)	[karpati]
Urais (m pl)	Urālu kalni (v dsk)	[ura:lu kalni]
Cáucaso (m)	Kaukāzs (v)	[kauka:zs]
Elbrus (m)	Elbruss (v)	[elbrus]

Altai (m)	Altaja kalni (v)	[altaja kalni]
Tian Shan (m)	Tjanšana kalni (v)	[tjanʃana kalni]
Pamir (m)	Pamirs (v)	[pamirs]
Himalaia (m)	Himalaji (v dsk)	[ximalaji]
monte Everest (m)	Everests (v)	[ɛvɛrests]

| Cordilheira (f) dos Andes | Andu kalni (v dsk) | [andu kalni] |
| Kilimanjaro (m) | Kilimandžaro (v) | [kilimandʒarɔ] |

129. Rios

rio (m)	upe (s)	[upe]
fonte, nascente (f)	ūdens avots (v)	[u:dens avɔts]
leito (m) de rio	gultne (s)	[gultne]
bacia (f)	upes baseins (v)	[upes basɛins]
desaguar no ...	ieplūst ...	[iɛplu:st ...]

| afluente (m) | pieteka (s) | [piɛtɛka] |
| margem (do rio) | krasts (v) | [krasts] |

corrente (f)	straume (s)	[straume]
rio abaixo	plūsmas lejtecē	[plu:smas lejtetse:]
rio acima	plūsmas augštecē	[plu:smas augʃtetse:]

inundação (f)	plūdi (v dsk)	[plu:di]
cheia (f)	pali (v dsk)	[pali]
transbordar (vi)	pārplūst	[pa:rplu:st]
inundar (vt)	appludināt	[appludina:t]

| banco (m) de areia | sēklis (v) | [se:klis] |
| corredeira (f) | krāce (s) | [kra:tse] |

barragem (f)	dambis (v)	[dambis]
canal (m)	kanāls (v)	[kana:ls]
reservatório (m) de água	ūdenskrātuve (s)	[u:denskra:tuve]
eclusa (f)	slūžas (s)	[slu:ʒas]
corpo (m) de água	ūdenstilpe (s)	[u:denstilpe]

pântano (m)	purvs (v)	[purvs]
lamaçal (m)	staignājs (v)	[staigna:js]
redemoinho (m)	virpulis (v)	[virpulis]
riacho (m)	strauts (v)	[strauts]
potável (adj)	dzeramais	[dzɛramais]
doce (água)	sājš	[sa:jʃ]
gelo (m)	ledus (v)	[lɛdus]
congelar-se (vr)	aizsalt	[aizsalt]

130. Nomes de rios

rio Sena (m)	Sēna (s)	[sɛ:na]
rio Loire (m)	Luāra (s)	[lua:ra]
rio Tâmisa (m)	Temza (s)	[temza]
rio Reno (m)	Reina (s)	[rɛina]
rio Danúbio (m)	Donava (s)	[dɔnava]
rio Volga (m)	Volga (s)	[vɔlga]
rio Don (m)	Dona (s)	[dɔna]
rio Lena (m)	Ļena (s)	[lʲɛna]
rio Amarelo (m)	Huanhe (s)	[xuanxe]
rio Yangtzé (m)	Jandzi (s)	[jandzi]
rio Mekong (m)	Mekonga (s)	[mekɔŋga]
rio Ganges (m)	Ganga (s)	[gaŋga]
rio Nilo (m)	Nīla (s)	[ni:la]
rio Congo (m)	Kongo (s)	[kɔŋgɔ]
rio Cubango (m)	Okavango (s)	[ɔkavaŋgɔ]
rio Zambeze (m)	Zambezi (s)	[zambezi]
rio Limpopo (m)	Limpopo (s)	[limpɔpɔ]
rio Mississippi (m)	Misisipi (s)	[misisipi]

131. Floresta

floresta (f), bosque (m)	mežs (v)	[meʒs]
florestal (adj)	meža	[meʒa]
mata (f) fechada	meža biezoknis (v)	[meʒa biɛzɔknis]
arvoredo (m)	birze (s)	[birze]
clareira (f)	nora (s)	[nɔra]
matagal (m)	krūmājs (v)	[kru:ma:js]
mato (m), caatinga (f)	krūmi (v dsk)	[kru:mi]
pequena trilha (f)	taciņa (s)	[tatsiɲa]
ravina (f)	grava (s)	[grava]
árvore (f)	koks (v)	[kɔks]
folha (f)	lapa (s)	[lapa]

folhagem (f)	lapas (s dsk)	[lapas]
queda (f) das folhas	lapkritis (v)	[lapkritis]
cair (vi)	lapas krīt	[lapas kri:t]
topo (m)	virsotne (s)	[virsɔtne]

ramo (m)	zariņš (v)	[zariɲʃ]
galho (m)	zars (v)	[zars]
botão (m)	pumpurs (v)	[pumpurs]
agulha (f)	skuja (s)	[skuja]
pinha (f)	čiekurs (v)	[tʃiɛkurs]

buraco (m) de árvore	dobums (v)	[dɔbums]
ninho (m)	ligzda (s)	[ligzda]
toca (f)	ala (s)	[ala]

tronco (m)	stumbrs (v)	[stumbrs]
raiz (f)	sakne (s)	[sakne]
casca (f) de árvore	miza (s)	[miza]
musgo (m)	sūna (s)	[su:na]

arrancar pela raiz	atcelmot	[attselmɔt]
cortar (vt)	cirst	[tsirst]
desflorestar (vt)	izcirst	[iztsirst]
toco, cepo (m)	celms (v)	[tselms]

fogueira (f)	ugunskurs (v)	[ugunskurs]
incêndio (m) florestal	ugunsgrēks (v)	[ugunsgre:ks]
apagar (vt)	dzēst	[dze:st]

guarda-parque (m)	mežinieks (v)	[meʒiniɛks]
proteção (f)	augu aizsargāšana (s)	[augu aizsarga:ʃana]
proteger (a natureza)	dabas aizsardzība	[dabas aizsardzi:ba]
caçador (m) furtivo	malumednieks (v)	[malumedniɛks]
armadilha (f)	lamatas (s dsk)	[lamatas]

colher (cogumelos)	sēņot	[se:ɲɔt]
colher (bagas)	ogot	[ɔgɔt]
perder-se (vr)	apmaldīties	[apmaldi:tiɛs]

132. Recursos naturais

recursos (m pl) naturais	dabas resursi (v dsk)	[dabas rɛsursi]
minerais (m pl)	derīgie izrakteņi (v dsk)	[deri:giɛ izrakteɲi]
depósitos (m pl)	iegulumi (v dsk)	[iɛgulumi]
jazida (f)	atradne (s)	[atradne]

extrair (vt)	iegūt rūdu	[iɛgu:t ru:du]
extração (f)	ieguve (s)	[iɛguve]
minério (m)	rūda (s)	[ru:da]
mina (f)	raktuve (s)	[raktuve]
poço (m) de mina	šahta (s)	[ʃaxta]
mineiro (m)	ogļracis (v)	[ɔglʲratsis]
gás (m)	gāze (s)	[ga:ze]
gasoduto (m)	gāzes vads (v)	[ga:zes vads]

petróleo (m)	**nafta** (s)	[nafta]
oleoduto (m)	**naftas vads** (v)	[naftas vads]
poço (m) de petróleo	**naftas tornis** (v)	[naftas tɔrnis]
torre (f) petrolífera	**urbjtornis** (v)	[urbjtɔrnis]
petroleiro (m)	**tankkuģis** (v)	[tankkudʲis]

areia (f)	**smiltis** (s dsk)	[smiltis]
calcário (m)	**kaļķakmens** (v)	[kalʲtʲakmens]
cascalho (m)	**grants** (s)	[grants]
turfa (f)	**kūdra** (s)	[ku:dra]
argila (f)	**māls** (v)	[ma:ls]
carvão (m)	**ogles** (s dsk)	[ɔgles]

ferro (m)	**dzelzs** (s)	[dzelzs]
ouro (m)	**zelts** (v)	[zelts]
prata (f)	**sudrabs** (v)	[sudrabs]
níquel (m)	**niķelis** (v)	[nitʲelis]
cobre (m)	**varš** (v)	[varʃ]

zinco (m)	**cinks** (v)	[tsinks]
manganês (m)	**mangāns** (v)	[maŋga:ns]
mercúrio (m)	**dzīvsudrabs** (v)	[dzi:vsudrabs]
chumbo (m)	**svins** (v)	[svins]

mineral (m)	**minerāls** (v)	[minɛra:ls]
cristal (m)	**kristāls** (v)	[krista:ls]
mármore (m)	**marmors** (v)	[marmɔrs]
urânio (m)	**urāns** (v)	[ura:ns]

A Terra. Parte 2

133. Tempo

tempo (m)	laiks (v)	[laiks]
previsão (f) do tempo	laika prognoze (s)	[laika prognoze]
temperatura (f)	temperatūra (s)	[tempɛratu:ra]
termômetro (m)	termometrs (v)	[termɔmetrs]
barômetro (m)	barometrs (v)	[barɔmetrs]
úmido (adj)	mitrs	[mitrs]
umidade (f)	mitrums (v)	[mitrums]
calor (m)	tveice (s)	[tvɛitse]
tórrido (adj)	karsts	[karsts]
está muito calor	karsts laiks	[karsts laiks]
está calor	silts laiks	[silts laiks]
quente (morno)	silts	[silts]
está frio	auksts laiks	[auksts laiks]
frio (adj)	auksts	[auksts]
sol (m)	saule (s)	[saule]
brilhar (vi)	spīd saule	[spi:d saule]
de sol, ensolarado	saulains	[saulains]
nascer (vi)	uzlēkt	[uzle:kt]
pôr-se (vr)	rietēt	[riɛte:t]
nuvem (f)	mākonis (v)	[ma:kɔnis]
nublado (adj)	mākoņains	[ma:kɔɲains]
nuvem (f) preta	melns mākonis (v)	[melns ma:kɔnis]
escuro, cinzento (adj)	apmācies	[apma:tsiɛs]
chuva (f)	lietus (v)	[liɛtus]
está a chover	līst lietus	[li:st liɛtus]
chuvoso (adj)	lietains	[liɛtains]
chuviscar (vi)	smidzina	[smidzina]
chuva (f) torrencial	stiprs lietus (v)	[stiprs liɛtus]
aguaceiro (m)	lietusgāze (s)	[liɛtusga:ze]
forte (chuva, etc.)	stiprs	[stiprs]
poça (f)	peļķe (s)	[pelʲtʲe]
molhar-se (vr)	samirkt	[samirkt]
nevoeiro (m)	migla (s)	[migla]
de nevoeiro	miglains	[miglains]
neve (f)	sniegs (v)	[sniɛgs]
está nevando	krīt sniegs	[kri:t sniɛgs]

134. Tempo extremo. Catástrofes naturais

trovoada (f)	pērkona negaiss (v)	[pe:rkɔna nɛgais]
relâmpago (m)	zibens (v)	[zibens]
relampejar (vi)	zibēt	[zibe:t]
trovão (m)	pērkons (v)	[pe:rkɔns]
trovejar (vi)	dārdēt	[da:rde:t]
está trovejando	dārd pērkons	[da:rd pe:rkɔns]
granizo (m)	krusa (s)	[krusa]
está caindo granizo	krīt krusa	[kri:t krusa]
inundar (vt)	appludināt	[appludina:t]
inundação (f)	ūdens plūdi (v dsk)	[u:dens plu:di]
terremoto (m)	zemestrīce (s)	[zɛmestri:tse]
abalo, tremor (m)	trieciens (v)	[triɛtsiɛns]
epicentro (m)	epicentrs (v)	[epitsentrs]
erupção (f)	izvirdums (v)	[izvirdums]
lava (f)	lava (s)	[lava]
tornado (m)	virpuļvētra (s)	[virpulʲve:tra]
tornado (m)	tornado (v)	[tɔrnadɔ]
tufão (m)	taifūns (v)	[taifu:ns]
furacão (m)	viesulis (v)	[viɛsulis]
tempestade (f)	vētra (s)	[ve:tra]
tsunami (m)	cunami (v)	[tsunami]
ciclone (m)	ciklons (v)	[tsiklɔns]
mau tempo (m)	slikts laiks (v)	[slikts laiks]
incêndio (m)	ugunsgrēks (v)	[ugunsgre:ks]
catástrofe (f)	katastrofa (s)	[katastrɔfa]
meteorito (m)	meteorīts (v)	[mɛteɔri:ts]
avalanche (f)	lavīna (s)	[lavi:na]
deslizamento (m) de neve	sniega gāze (s)	[sniɛga ga:ze]
nevasca (f)	sniegputenis (v)	[sniɛgputenis]
tempestade (f) de neve	sniega vētra (s)	[sniɛga ve:tra]

Fauna

135. Mamíferos. Predadores

predador (m)	plēsoņa (s)	[ple:soɲa]
tigre (m)	tīģeris (v)	[ti:dʲeris]
leão (m)	lauva (s)	[lauva]
lobo (m)	vilks (v)	[vilks]
raposa (f)	lapsa (s)	[lapsa]

jaguar (m)	jaguārs (v)	[jagua:rs]
leopardo (m)	leopards (v)	[leɔpards]
chita (f)	gepards (v)	[gɛpards]

pantera (f)	pantera (s)	[pantɛra]
puma (m)	puma (s)	[puma]
leopardo-das-neves (m)	sniega leopards (v)	[sniɛga leɔpards]
lince (m)	lūsis (v)	[lu:sis]

coiote (m)	koijots (v)	[kɔijɔts]
chacal (m)	šakālis (v)	[ʃaka:lis]
hiena (f)	hiēna (s)	[xiɛ:na]

136. Animais selvagens

| animal (m) | dzīvnieks (v) | [dzi:vniɛks] |
| besta (f) | zvērs (v) | [zvɛ:rs] |

esquilo (m)	vāvere (s)	[va:vɛre]
ouriço (m)	ezis (v)	[ɛzis]
lebre (f)	zaķis (v)	[zatʲis]
coelho (m)	trusis (v)	[trusis]

texugo (m)	āpsis (v)	[a:psis]
guaxinim (m)	jenots (v)	[jenɔts]
hamster (m)	kāmis (v)	[ka:mis]
marmota (f)	murkšķis (v)	[murkʃtʲis]

toupeira (f)	kurmis (v)	[kurmis]
rato (m)	pele (s)	[pɛle]
ratazana (f)	žurka (s)	[ʒurka]
morcego (m)	sikspārnis (v)	[sikspa:rnis]

arminho (m)	sermulis (v)	[sermulis]
zibelina (f)	sabulis (v)	[sabulis]
marta (f)	cauna (s)	[tsauna]
doninha (f)	zebiekste (s)	[zebiɛkste]
visom (m)	ūdele (s)	[u:dɛle]

castor (m)	bebrs (v)	[bebrs]
lontra (f)	ūdrs (v)	[u:drs]
cavalo (m)	zirgs (v)	[zirgs]
alce (m)	alnis (v)	[alnis]
veado (m)	briedis (v)	[briɛdis]
camelo (m)	kamielis (v)	[kamiɛlis]
bisão (m)	bizons (v)	[bizɔns]
auroque (m)	sumbrs (v)	[sumbrs]
búfalo (m)	bifelis (v)	[bifelis]
zebra (f)	zebra (s)	[zebra]
antílope (m)	antilope (s)	[antilɔpe]
corça (f)	stirna (s)	[stirna]
gamo (m)	dambriedis (v)	[dambriɛdis]
camurça (f)	kalnu kaza (s)	[kalnu kaza]
javali (m)	mežacūka (s)	[meʒatsu:ka]
baleia (f)	valis (v)	[valis]
foca (f)	ronis (v)	[rɔnis]
morsa (f)	valzirgs (v)	[valzirgs]
urso-marinho (m)	kotiks (v)	[kɔtiks]
golfinho (m)	delfīns (v)	[delfi:ns]
urso (m)	lācis (v)	[la:tsis]
urso (m) polar	baltais lācis (v)	[baltais la:tsis]
panda (m)	panda (s)	[panda]
macaco (m)	pērtiķis (v)	[pe:rtitʲis]
chimpanzé (m)	šimpanze (s)	[ʃimpanze]
orangotango (m)	orangutāns (v)	[ɔraŋguta:ns]
gorila (m)	gorilla (s)	[gorilla]
macaco (m)	makaks (v)	[makaks]
gibão (m)	gibons (v)	[gibɔns]
elefante (m)	zilonis (v)	[zilɔnis]
rinoceronte (m)	degunradzis (v)	[dɛgunradzis]
girafa (f)	žirafe (s)	[ʒirafe]
hipopótamo (m)	nīlzirgs (v)	[ni:lzirgs]
canguru (m)	ķengurs (v)	[tʲeŋgurs]
coala (m)	koala (s)	[kɔala]
mangusto (m)	mangusts (v)	[maŋgusts]
chinchila (f)	šinšilla (s)	[ʃinʃilla]
cangambá (f)	skunkss (v)	[skunks]
porco-espinho (m)	dzeloņcūka (s)	[dzelɔɲtsu:ka]

137. Animais domésticos

gata (f)	kaķis (v)	[katʲis]
gato (m) macho	runcis (v)	[runtsis]
cão (m)	suns (v)	[suns]

cavalo (m)	zirgs (v)	[zirgs]
garanhão (m)	ērzelis (v)	[e:rzelis]
égua (f)	ķēve (s)	[tʲɛ:ve]

vaca (f)	govs (s)	[gɔvs]
touro (m)	bullis (v)	[bullis]
boi (m)	vērsis (v)	[vɛ:rsis]

ovelha (f)	aita (s)	[aita]
carneiro (m)	auns (v)	[auns]
cabra (f)	kaza (s)	[kaza]
bode (m)	āzis (v)	[a:zis]

burro (m)	ēzelis (v)	[ɛ:zelis]
mula (f)	mūlis (v)	[mu:lis]

porco (m)	cūka (s)	[tsu:ka]
leitão (m)	sivēns (v)	[sive:ns]
coelho (m)	trusis (v)	[trusis]

galinha (f)	vista (s)	[vista]
galo (m)	gailis (v)	[gailis]

pata (f), pato (m)	pīle (s)	[pi:le]
pato (m)	pīļtēviņš (v)	[pi:lʲte:viɲʃ]
ganso (m)	zoss (s)	[zɔs]

peru (m)	tītars (v)	[ti:tars]
perua (f)	tītaru mātīte (s)	[ti:taru ma:ti:te]

animais (m pl) domésticos	mājdzīvnieki (v dsk)	[ma:jdzi:vniɛki]
domesticado (adj)	pieradināts	[piɛradina:ts]
domesticar (vt)	pieradināt	[piɛradina:t]
criar (vt)	audzēt	[audze:t]

fazenda (f)	saimniecība (s)	[saimniɛtsi:ba]
aves (f pl) domésticas	mājputni (v dsk)	[ma:jputni]
gado (m)	liellopi (v dsk)	[liɛllɔpi]
rebanho (m), manada (f)	ganāmpulks (v)	[gana:mpulks]

estábulo (m)	zirgu stallis (v)	[zirgu stallis]
chiqueiro (m)	cūkkūts (s)	[tsu:kku:ts]
estábulo (m)	kūts (s)	[ku:ts]
coelheira (f)	trušu būda (s)	[truʃu bu:da]
galinheiro (m)	vistu kūts (s)	[vistu ku:ts]

138. Pássaros

pássaro (m), ave (f)	putns (v)	[putns]
pombo (m)	balodis (v)	[balɔdis]
pardal (m)	zvirbulis (v)	[zvirbulis]
chapim-real (m)	zīlīte (s)	[zi:li:te]
pega-rabuda (f)	žagata (s)	[ʒagata]
corvo (m)	krauklis (v)	[krauklis]

gralha-cinzenta (f)	**vārna** (s)	[va:rna]
gralha-de-nuca-cinzenta (f)	**kovārnis** (v)	[kɔva:rnis]
gralha-calva (f)	**krauķis** (v)	[krautʲis]
pato (m)	**pīle** (s)	[pi:le]
ganso (m)	**zoss** (s)	[zɔs]
faisão (m)	**fazāns** (v)	[faza:ns]
águia (f)	**ērglis** (v)	[e:rglis]
açor (m)	**vanags** (v)	[vanags]
falcão (m)	**piekūns** (v)	[piɛku:ns]
abutre (m)	**grifs** (v)	[grifs]
condor (m)	**kondors** (v)	[kɔndɔrs]
cisne (m)	**gulbis** (v)	[gulbis]
grou (m)	**dzērve** (s)	[dze:rve]
cegonha (f)	**stārķis** (v)	[sta:rtʲis]
papagaio (m)	**papagailis** (v)	[papagailis]
beija-flor (m)	**kolibri** (v)	[kɔlibri]
pavão (m)	**pāvs** (v)	[pa:vs]
avestruz (m)	**strauss** (v)	[straus]
garça (f)	**gārnis** (v)	[ga:rnis]
flamingo (m)	**flamings** (v)	[flamiŋgs]
pelicano (m)	**pelikāns** (v)	[pelika:ns]
rouxinol (m)	**lakstīgala** (s)	[laksti:gala]
andorinha (f)	**bezdelīga** (s)	[bezdeli:ga]
tordo-zornal (m)	**strazds** (v)	[strazds]
tordo-músico (m)	**dziedātājstrazds** (v)	[dziɛda:ta:jstrazds]
melro-preto (m)	**melnais strazds** (v)	[melnais strazds]
andorinhão (m)	**svīre** (s)	[svi:re]
cotovia (f)	**cīrulis** (v)	[tsi:rulis]
codorna (f)	**paipala** (s)	[paipala]
pica-pau (m)	**dzenis** (v)	[dzenis]
cuco (m)	**dzeguze** (s)	[dzɛguze]
coruja (f)	**pūce** (s)	[pu:tse]
bufo-real (m)	**ūpis** (v)	[u:pis]
tetraz-grande (m)	**mednis** (v)	[mednis]
tetraz-lira (m)	**rubenis** (v)	[rubenis]
perdiz-cinzenta (f)	**irbe** (s)	[irbe]
estorninho (m)	**mājas strazds** (v)	[ma:jas strazds]
canário (m)	**kanārijputniņš** (v)	[kana:rijputniɲʃ]
galinha-do-mato (f)	**meža irbe** (s)	[meʒa irbe]
tentilhão (m)	**žubīte** (s)	[ʒubi:te]
dom-fafe (m)	**svilpis** (v)	[svilpis]
gaivota (f)	**kaija** (s)	[kaija]
albatroz (m)	**albatross** (v)	[albatrɔs]
pinguim (m)	**pingvīns** (v)	[piŋgvi:ns]

139. Peixes. Animais marinhos

brema (f)	plaudis (v)	[plaudis]
carpa (f)	karpa (s)	[karpa]
perca (f)	asaris (v)	[asaris]
siluro (m)	sams (v)	[sams]
lúcio (m)	līdaka (s)	[li:daka]

| salmão (m) | lasis (v) | [lasis] |
| esturjão (m) | store (s) | [stɔre] |

arenque (m)	siļķe (s)	[silʲtʲe]
salmão (m) do Atlântico	lasis (v)	[lasis]
cavala, sarda (f)	skumbrija (s)	[skumbrija]
solha (f), linguado (m)	bute (s)	[bute]

lúcio perca (m)	zandarts (v)	[zandarts]
bacalhau (m)	menca (s)	[mentsa]
atum (m)	tuncis (v)	[tuntsis]
truta (f)	forele (s)	[fɔrɛle]

enguia (f)	zutis (v)	[zutis]
raia (f) elétrica	elektriskā raja (s)	[ɛlektriska: raja]
moreia (f)	murēna (s)	[murɛ:na]
piranha (f)	piraija (s)	[piraija]

tubarão (m)	haizivs (s)	[xaizivs]
golfinho (m)	delfīns (v)	[delfi:ns]
baleia (f)	valis (v)	[valis]

caranguejo (m)	krabis (v)	[krabis]
água-viva (f)	medūza (s)	[mɛdu:za]
polvo (m)	astoņkājis (v)	[astɔŋka:jis]

estrela-do-mar (f)	jūras zvaigzne (s)	[ju:ras zvaigzne]
ouriço-do-mar (m)	jūras ezis (v)	[ju:ras ezis]
cavalo-marinho (m)	jūras zirdziņš (v)	[ju:ras zirdziŋʃ]

ostra (f)	austere (s)	[austɛre]
camarão (m)	garnele (s)	[garnɛle]
lagosta (f)	omārs (v)	[ɔma:rs]
lagosta (f)	langusts (v)	[laŋgusts]

140. Anfíbios. Répteis

| cobra (f) | čūska (s) | [tʃu:ska] |
| venenoso (adj) | indīga | [indi:ga] |

víbora (f)	odze (s)	[ɔdze]
naja (f)	kobra (s)	[kɔbra]
píton (m)	pitons (v)	[pitɔns]
jiboia (f)	žņaudzējčūska (s)	[ʒŋaudze:jtʃu:ska]
cobra-de-água (f)	zalktis (v)	[zalktis]

cascavel (f)	klaburčūska (s)	[klaburtʃuːska]
anaconda (f)	anakonda (s)	[anakɔnda]

lagarto (m)	ķirzaka (s)	[tʲirzaka]
iguana (f)	iguāna (s)	[iguaːna]
varano (m)	varāns (v)	[varaːns]
salamandra (f)	salamandra (s)	[salamandra]
camaleão (m)	hameleons (v)	[xamɛleɔns]
escorpião (m)	skorpions (v)	[skɔrpiɔns]

tartaruga (f)	bruņurupucis (v)	[bruɲuruputsis]
rã (f)	varde (s)	[varde]
sapo (m)	krupis (v)	[krupis]
crocodilo (m)	krokodils (v)	[krɔkɔdils]

141. Insetos

inseto (m)	kukainis (v)	[kukainis]
borboleta (f)	taurenis (v)	[taurenis]
formiga (f)	skudra (s)	[skudra]
mosca (f)	muša (s)	[muʃa]
mosquito (m)	ods (v)	[ɔds]
escaravelho (m)	vabole (s)	[vabɔle]

vespa (f)	lapsene (s)	[lapsɛne]
abelha (f)	bite (s)	[bite]
mamangaba (f)	kamene (s)	[kamɛne]
moscardo (m)	dundurs (v)	[dundurs]

aranha (f)	zirneklis (v)	[zirneklis]
teia (f) de aranha	zirnekļtīkls (v)	[zirneklʲtiːkls]

libélula (f)	spāre (s)	[spaːre]
gafanhoto (m)	sienāzis (v)	[siɛnaːzis]
traça (f)	tauriņš (v)	[tauriɲʃ]

barata (f)	prusaks (v)	[prusaks]
carrapato (m)	ērce (s)	[eːrtse]
pulga (f)	blusa (s)	[blusa]
borrachudo (m)	knislis (v)	[knislis]

gafanhoto (m)	sisenis (v)	[sisenis]
caracol (m)	gliemezis (v)	[gliɛmezis]
grilo (m)	circenis (v)	[tsirtsenis]
pirilampo, vaga-lume (m)	jāņtārpiņš (v)	[jaːɲtaːrpiɲʃ]
joaninha (f)	mārīte (s)	[maːriːte]
besouro (m)	maijvabole (s)	[maijvabɔle]

sanguessuga (f)	dēle (s)	[dɛːle]
lagarta (f)	kāpurs (v)	[kaːpurs]
minhoca (f)	tārps (v)	[taːrps]
larva (f)	kāpurs (v)	[kaːpurs]

Flora

142. Árvores

árvore (f)	koks (v)	[kɔks]
decídua (adj)	lapu koks	[lapu kɔks]
conífera (adj)	skujkoks	[skujkɔks]
perene (adj)	mūžzaļš	[muːʒzalʲʃ]
macieira (f)	ābele (s)	[aːbɛle]
pereira (f)	bumbiere (s)	[bumbiɛre]
cerejeira (f)	saldais ķirsis (v)	[saldais tʲirsis]
ginjeira (f)	skābais ķirsis (v)	[skaːbais tʲirsis]
ameixeira (f)	plūme (s)	[pluːme]
bétula (f)	bērzs (v)	[beːrzs]
carvalho (m)	ozols (v)	[ɔzɔls]
tília (f)	liepa (s)	[liɛpa]
choupo-tremedor (m)	apse (s)	[apse]
bordo (m)	kļava (s)	[klʲava]
espruce (m)	egle (s)	[egle]
pinheiro (m)	priede (s)	[priɛde]
alerce, lariço (m)	lapegle (s)	[lapegle]
abeto (m)	dižegle (s)	[diʒegle]
cedro (m)	ciedrs (v)	[tsiɛdrs]
choupo, álamo (m)	papele (s)	[papɛle]
tramazeira (f)	pīlādzis (v)	[piːlaːdzis]
salgueiro (m)	vītols (v)	[viːtɔls]
amieiro (m)	alksnis (v)	[alksnis]
faia (f)	dižskābardis (v)	[diʒskaːbardis]
ulmeiro, olmo (m)	vīksna (s)	[viːksna]
freixo (m)	osis (v)	[ɔsis]
castanheiro (m)	kastaņa (s)	[kastaɲa]
magnólia (f)	magnolija (s)	[magnɔlija]
palmeira (f)	palma (s)	[palma]
cipreste (m)	ciprese (s)	[tsiprɛse]
mangue (m)	mango koks (v)	[maŋgɔ kɔks]
embondeiro, baobá (m)	baobabs (v)	[baɔbabs]
eucalipto (m)	eikalipts (v)	[ɛikalipts]
sequoia (f)	sekvoja (s)	[sekvɔja]

143. Arbustos

arbusto (m)	Krūms (v)	[kruːms]
arbusto (m), moita (f)	krūmājs (v)	[kruːmaːjs]

| videira (f) | vīnogas (v) | [vi:nɔgas] |
| vinhedo (m) | vīnogulājs (v) | [vi:nɔgula:js] |

framboeseira (f)	avenājs (v)	[avɛna:js]
groselheira-negra (f)	upeņu krūms (v)	[upɛɲu kru:ms]
groselheira-vermelha (f)	sarkano jāņogu krūms (v)	[sarkanɔ ja:ɲogu kru:ms]
groselheira (f) espinhosa	ērkšķogu krūms (v)	[e:rkʃtʲɔgu kru:ms]

acácia (f)	akācija (s)	[aka:tsija]
bérberis (f)	bārbele (s)	[ba:rbɛle]
jasmim (m)	jasmīns (v)	[jasmi:ns]

junípero (m)	kadiķis (v)	[kaditʲis]
roseira (f)	rožu krūms (v)	[rɔʒu kru:ms]
roseira (f) brava	mežroze (s)	[meʒrɔze]

144. Frutos. Bagas

fruta (f)	auglis (v)	[auglis]
frutas (f pl)	augļi (v dsk)	[auglʲi]
maçã (f)	ābols (v)	[a:bɔls]
pera (f)	bumbieris (v)	[bumbiɛris]
ameixa (f)	plūme (s)	[plu:me]

morango (m)	zemene (s)	[zɛmɛne]
ginja (f)	skābais ķirsis (v)	[ska:bais tʲirsis]
cereja (f)	saldais ķirsis (v)	[saldais tʲirsis]
uva (f)	vīnoga (s)	[vi:nɔga]

framboesa (f)	avene (s)	[avɛne]
groselha (f) negra	upene (s)	[upɛne]
groselha (f) vermelha	sarkanā jāņoga (s)	[sarkana: ja:ɲoga]
groselha (f) espinhosa	ērkšķoga (s)	[e:rkʃtʲoga]
oxicoco (m)	dzērvene (s)	[dze:rvɛne]

laranja (f)	apelsīns (v)	[apɛlsi:ns]
tangerina (f)	mandarīns (v)	[mandari:ns]
abacaxi (m)	ananāss (v)	[anana:s]

| banana (f) | banāns (v) | [bana:ns] |
| tâmara (f) | datele (s) | [datɛle] |

limão (m)	citrons (v)	[tsitrɔns]
damasco (m)	aprikoze (s)	[aprikɔze]
pêssego (m)	persiks (v)	[pɛrsiks]

| quiuí (m) | kivi (v) | [kivi] |
| toranja (f) | greipfrūts (v) | [grɛipfru:ts] |

baga (f)	oga (s)	[ɔga]
bagas (f pl)	ogas (s dsk)	[ɔgas]
arando (m) vermelho	brūklene (s)	[bru:klɛne]
morango-silvestre (m)	meža zemene (s)	[meʒa zɛmɛne]
mirtilo (m)	mellene (s)	[mellɛne]

145. Flores. Plantas

| flor (f) | zieds (v) | [ziɛds] |
| buquê (m) de flores | ziedu pušķis (v) | [ziɛdu puʃˡis] |

rosa (f)	roze (s)	[rɔze]
tulipa (f)	tulpe (s)	[tulpe]
cravo (m)	neļķe (s)	[nelˡtˡe]
gladíolo (m)	gladiola (s)	[gladiɔla]

centáurea (f)	rudzupuķīte (s)	[rudzuputˡi:te]
campainha (f)	pulkstenīte (s)	[pulksteni:te]
dente-de-leão (m)	pienenīte (s)	[piɛneni:te]
camomila (f)	kumelīte (s)	[kumeli:te]

aloé (m)	alveja (s)	[alveja]
cacto (m)	kaktuss (v)	[kaktus]
fícus (m)	gumijkoks (v)	[gumijkɔks]

lírio (m)	lilija (s)	[lilija]
gerânio (m)	ģerānija (s)	[dˡɛra:nija]
jacinto (m)	hiacinte (s)	[xiatsinte]

mimosa (f)	mimoza (s)	[mimɔza]
narciso (m)	narcise (s)	[nartsise]
capuchinha (f)	krese (s)	[krɛse]

orquídea (f)	orhideja (s)	[ɔrxideja]
peônia (f)	pujene (s)	[pujene]
violeta (f)	vijolīte (s)	[vijɔli:te]

amor-perfeito (m)	atraitnītes (s dsk)	[atraitni:tes]
não-me-esqueças (m)	neaizmirstule (s)	[neaizmirstule]
margarida (f)	margrietiņa (s)	[margriɛtiɲa]

papoula (f)	magone (s)	[magɔne]
cânhamo (m)	kaņepe (s)	[kaɲɛpe]
hortelã, menta (f)	mētra (s)	[me:tra]

| lírio-do-vale (m) | maijpuķīte (s) | [maijputˡi:te] |
| campânula-branca (f) | sniegpulkstenīte (s) | [sniɛgpulksteni:te] |

urtiga (f)	nātre (s)	[na:tre]
azedinha (f)	skābene (s)	[ska:bɛne]
nenúfar (m)	ūdensroze (s)	[u:densrɔze]
samambaia (f)	paparde (s)	[paparde]
líquen (m)	ķērpis (v)	[tˡe:rpis]

estufa (f)	oranžērija (s)	[ɔranʒe:rija]
gramado (m)	zālājs (v)	[za:la:js]
canteiro (m) de flores	puķu dobe (s)	[putˡu dɔbe]

planta (f)	augs (v)	[augs]
grama (f)	zāle (s)	[za:le]
folha (f) de grama	zālīte (s)	[za:li:te]

folha (f)	lapa (s)	[lapa]
pétala (f)	lapiņa (s)	[lapiɲa]
talo (m)	stiebrs (v)	[stiɛbrs]
tubérculo (m)	bumbulis (v)	[bumbulis]

| broto, rebento (m) | dīglis (v) | [di:glis] |
| espinho (m) | ērkšķis (v) | [e:rkʃtʲis] |

florescer (vi)	ziedēt	[ziɛde:t]
murchar (vi)	novīt	[nɔvi:t]
cheiro (m)	smarža (s)	[smarʒa]
cortar (flores)	nogriezt	[nɔgriɛzt]
colher (uma flor)	noplūkt	[nɔplu:kt]

146. Cereais, grãos

grão (m)	graudi (v dsk)	[graudi]
cereais (plantas)	graudaugi (v dsk)	[graudaugi]
espiga (f)	vārpa (s)	[va:rpa]

trigo (m)	kvieši (v dsk)	[kviɛʃi]
centeio (m)	rudzi (v dsk)	[rudzi]
aveia (f)	auzas (s dsk)	[auzas]
painço (m)	prosa (s)	[prɔsa]
cevada (f)	mieži (v dsk)	[miɛʒi]

milho (m)	kukurūza (s)	[kukuru:za]
arroz (m)	rīsi (v dsk)	[ri:si]
trigo-sarraceno (m)	griķi (v dsk)	[gritʲi]

ervilha (f)	zirnis (v)	[zirnis]
feijão (m) roxo	pupiņas (s dsk)	[pupiɲas]
soja (f)	soja (s)	[sɔja]
lentilha (f)	lēcas (s dsk)	[le:tsas]
feijão (m)	pupas (s dsk)	[pupas]

PAÍSES. NACIONALIDADES

147. Europa Ocidental

Europa (f)	Eiropa (s)	[ɛirɔpa]
União (f) Europeia	Eiropas Savienība (s)	[ɛirɔpas saviɛni:ba]
Áustria (f)	Austrija (s)	[austrija]
Grã-Bretanha (f)	Lielbritānija (s)	[liɛlbrita:nija]
Inglaterra (f)	Anglija (s)	[aŋglija]
Bélgica (f)	Beļģija (s)	[belʲdʲija]
Alemanha (f)	Vācija (s)	[va:tsija]
Países Baixos (m pl)	Nīderlande (s)	[ni:derlande]
Holanda (f)	Holande (s)	[xɔlande]
Grécia (f)	Grieķija (s)	[griɛtʲija]
Dinamarca (f)	Dānija (s)	[da:nija]
Irlanda (f)	Īrija (s)	[i:rija]
Islândia (f)	Īslande (s)	[i:slande]
Espanha (f)	Spānija (s)	[spa:nija]
Itália (f)	Itālija (s)	[ita:lija]
Chipre (m)	Kipra (s)	[kipra]
Malta (f)	Malta (s)	[malta]
Noruega (f)	Norvēģija (s)	[nɔrve:dʲija]
Portugal (m)	Portugāle (s)	[pɔrtuga:le]
Finlândia (f)	Somija (s)	[sɔmija]
França (f)	Francija (s)	[frantsija]
Suécia (f)	Zviedrija (s)	[zviɛdrija]
Suíça (f)	Šveice (s)	[ʃvɛitse]
Escócia (f)	Skotija (s)	[skɔtija]
Vaticano (m)	Vatikāns (v)	[vatika:ns]
Liechtenstein (m)	Lihtenšteina (s)	[lixtenʃtɛina]
Luxemburgo (m)	Luksemburga (s)	[luksemburga]
Mônaco (m)	Monako (s)	[mɔnakɔ]

148. Europa Central e de Leste

Albânia (f)	Albānija (s)	[alba:nija]
Bulgária (f)	Bulgārija (s)	[bulga:rija]
Hungria (f)	Ungārija (s)	[uŋga:rija]
Letônia (f)	Latvija (s)	[latvija]
Lituânia (f)	Lietuva (s)	[liɛtuva]
Polônia (f)	Polija (s)	[pɔlija]

Romênia (f)	Rumānija (s)	[ruma:nija]
Sérvia (f)	Serbija (s)	[serbija]
Eslováquia (f)	Slovākija (s)	[slɔva:kija]

Croácia (f)	Horvātija (s)	[xɔrva:tija]
República (f) Checa	Čehija (s)	[tʃexija]
Estônia (f)	Igaunija (s)	[igaunija]

Bósnia e Herzegovina (f)	Bosnija un Hercegovina (s)	[bɔsnija un xertsegɔvina]
Macedônia (f)	Maķedonija (s)	[matʲedɔnija]
Eslovênia (f)	Slovēnija (s)	[slɔve:nija]
Montenegro (m)	Melnkalne (s)	[melnkalne]

149. Países da ex-URSS

| Azerbaijão (m) | Azerbaidžāna (s) | [azerbaidʒa:na] |
| Armênia (f) | Armēnija (s) | [arme:nija] |

Belarus	Baltkrievija (s)	[baltkriɛvija]
Geórgia (f)	Gruzija (s)	[gruzija]
Cazaquistão (m)	Kazahstāna (s)	[kazaxsta:na]
Quirguistão (m)	Kirgizstāna (s)	[kirgizsta:na]
Moldávia (f)	Moldova (s)	[mɔldɔva]

| Rússia (f) | Krievija (s) | [kriɛvija] |
| Ucrânia (f) | Ukraina (s) | [ukraina] |

Tajiquistão (m)	Tadžikistāna (s)	[tadʒikista:na]
Turquemenistão (m)	Turkmenistāna (s)	[turkmenista:na]
Uzbequistão (f)	Uzbekistāna (s)	[uzbekista:na]

150. Asia

Ásia (f)	Āzija (s)	[a:zija]
Vietnã (m)	Vjetnama (s)	[vjetnama]
Índia (f)	Indija (s)	[indija]
Israel (m)	Izraēla (s)	[izraɛ:la]

China (f)	Ķīna (s)	[tʲi:na]
Líbano (m)	Libāna (s)	[liba:na]
Mongólia (f)	Mongolija (s)	[mɔŋgɔlija]

| Malásia (f) | Malaizija (s) | [malaizija] |
| Paquistão (m) | Pakistāna (s) | [pakista:na] |

Arábia (f) Saudita	Saūda Arābija (s)	[sau:da ara:bija]
Tailândia (f)	Taizeme (s)	[taizɛme]
Taiwan (m)	Taivāna (s)	[taiva:na]
Turquia (f)	Turcija (s)	[turtsija]
Japão (m)	Japāna (s)	[japa:na]
Afeganistão (m)	Afganistāna (s)	[afganista:na]
Bangladesh (m)	Bangladeša (s)	[baŋgladeʃa]

Indonésia (f)	Indonēzija (s)	[indɔne:zija]
Jordânia (f)	Jordānija (s)	[jɔrda:nija]
Iraque (m)	Irāka (s)	[ira:ka]
Irã (m)	Irāna (s)	[ira:na]
Camboja (f)	Kambodža (s)	[kambɔdʒa]
Kuwait (m)	Kuveita (s)	[kuvɛita]
Laos (m)	Laosa (s)	[laɔsa]
Birmânia (f)	Mjanma (s)	[mjanma]
Nepal (m)	Nepāla (s)	[nɛpa:la]
Emirados Árabes Unidos	Apvienotie Arābu Emirāti (v dsk)	[apviɛnɔtiɛ ara:bu emira:ti]
Síria (f)	Sīrija (s)	[si:rija]
Palestina (f)	Palestīna (s)	[palesti:na]
Coreia (f) do Sul	Dienvidkoreja (s)	[diɛnvidkɔreja]
Coreia (f) do Norte	Ziemeļkoreja (s)	[ziɛmelʲkɔreja]

151. América do Norte

Estados Unidos da América	Amerikas Savienotās Valstis (s dsk)	[amerikas saviɛnɔta:s valstis]
Canadá (m)	Kanāda (s)	[kana:da]
México (m)	Meksika (s)	[meksika]

152. América Central do Sul

Argentina (f)	Argentīna (s)	[argenti:na]
Brasil (m)	Brazīlija (s)	[brazi:lija]
Colômbia (f)	Kolumbija (s)	[kɔlumbija]
Cuba (f)	Kuba (s)	[kuba]
Chile (m)	Čīle (s)	[tʃi:le]
Bolívia (f)	Bolīvija (s)	[bɔli:vija]
Venezuela (f)	Venecuēla (s)	[vɛnetsuɛ:la]
Paraguai (m)	Paragvaja (s)	[paragvaja]
Peru (m)	Peru (v)	[pɛru]
Suriname (m)	Surinama (s)	[surinama]
Uruguai (m)	Urugvaja (s)	[urugvaja]
Equador (m)	Ekvadora (s)	[ekvadɔra]
Bahamas (f pl)	Bahamu salas (s dsk)	[baxamu salas]
Haiti (m)	Haiti (v)	[xaiti]
República Dominicana	Dominikas Republika (s)	[dɔminikas rɛpublika]
Panamá (m)	Panama (s)	[panama]
Jamaica (f)	Jamaika (s)	[jamaika]

153. Africa

Egito (m)	Ēģipte (s)	[e:dʲipte]
Marrocos	Maroka (s)	[marɔka]
Tunísia (f)	Tunisija (s)	[tunisija]
Gana (f)	Gana (s)	[gana]
Zanzibar (m)	Zanzibāra (s)	[zanziba:ra]
Quênia (f)	Kenija (s)	[kenija]
Líbia (f)	Lībija (s)	[li:bija]
Madagascar (m)	Madagaskara (s)	[madagaskara]
Namíbia (f)	Namībija (s)	[nami:bija]
Senegal (m)	Senegāla (s)	[senɛga:la]
Tanzânia (f)	Tanzānija (s)	[tanza:nija]
África (f) do Sul	Dienvidāfrikas Republika (s)	[diɛnvida:frikas rɛpublika]

154. Austrália. Oceania

Austrália (f)	Austrālija (s)	[austra:lija]
Nova Zelândia (f)	Jaunzēlande (s)	[jaunzɛ:lande]
Tasmânia (f)	Tasmānija (s)	[tasma:nija]
Polinésia (f) Francesa	Franču Polinēzija (s)	[frantʃu pɔline:zija]

155. Cidades

Amesterdã, Amsterdã	Amsterdama (s)	[amsterdama]
Ancara	Ankara (s)	[ankara]
Atenas	Atēnas (s dsk)	[atɛ:nas]
Bagdade	Bagdāde (s)	[bagda:de]
Bancoque	Bangkoka (s)	[baŋgkɔka]
Barcelona	Barselona (s)	[barselɔna]
Beirute	Beiruta (s)	[bɛiruta]
Berlim	Berlīne (s)	[berli:ne]
Bonn	Bonna (s)	[bɔnna]
Bordéus	Bordo (s)	[bɔrdɔ]
Bratislava	Bratislava (s)	[bratislava]
Bruxelas	Brisele (s)	[brisɛle]
Bucareste	Bukareste (s)	[bukareste]
Budapeste	Budapešta (s)	[budapeʃta]
Cairo	Kaira (s)	[kaira]
Calcutá	Kalkuta (s)	[kalkuta]
Chicago	Čikāga (s)	[tʃika:ga]
Cidade do México	Mehiko (s)	[mexikɔ]
Copenhague	Kopenhāgena (s)	[kɔpenxa:gena]
Dar es Salaam	Daresalāma (s)	[darɛsala:ma]
Deli	Deli (s)	[deli]

Dubai	Dubaija (s)	[dubaija]
Dublim	Dublina (s)	[dublina]
Düsseldorf	Diseldorfa (s)	[diseldɔrfa]
Estocolmo	Stokholma (s)	[stɔkxɔlma]

Florença	Florence (s)	[flɔrentse]
Frankfurt	Frankfurte (s)	[frankfurte]
Genebra	Ženēva (s)	[ʒɛnɛ:va]
Haia	Hāga (s)	[xa:ga]
Hamburgo	Hamburga (s)	[xamburga]

Hanói	Hanoja (s)	[xanɔja]
Havana	Havana (s)	[xavana]
Helsinque	Helsinki (v dsk)	[xɛlsinki]
Hiroshima	Hirosima (s)	[xirɔsima]
Hong Kong	Honkonga (s)	[xɔnkɔŋga]
Istambul	Stambula (s)	[stambula]

Jerusalém	Jeruzaleme (s)	[jeruzalɛme]
Kiev, Quieve	Kijeva (s)	[kijeva]
Kuala Lumpur	Kualalumpura (s)	[kualalumpura]
Lion	Liona (s)	[liona]
Lisboa	Lisabona (s)	[lisabɔna]

Londres	Londona (s)	[lɔndɔna]
Los Angeles	Losandželosa (s)	[lɔsandʒelɔsa]
Madrid	Madride (s)	[madride]
Marselha	Marseḷa (s)	[marsɛlʲa]
Miami	Maiami (s)	[maiami]

Montreal	Monreāla (s)	[mɔnrea:la]
Moscou	Maskava (s)	[maskava]
Mumbai	Bombeja (s)	[bɔmbeja]
Munique	Minhene (s)	[minxɛne]
Nairóbi	Nairobi (v)	[nairɔbi]
Nápoles	Neapole (s)	[neapɔle]

Nice	Nica (s)	[nitsa]
Nova York	Ņujorka (s)	[ɲujɔrka]
Oslo	Oslo (s)	[ɔslɔ]
Ottawa	Otava (s)	[ɔtava]
Paris	Parīze (s)	[pari:ze]

Pequim	Pekina (s)	[pekina]
Praga	Prāga (s)	[pra:ga]
Rio de Janeiro	Riodeženeiro (s)	[riɔdeʒenɛirɔ]
Roma	Roma (s)	[rɔma]
São Petersburgo	Sanktpēterburga (s)	[sanktpɛ:terburga]
Seul	Seula (s)	[sɛula]

Singapura	Singapūra (s)	[siŋgapu:ra]
Sydney	Sidneja (s)	[sidneja]
Taipé	Taipeja (s)	[taipeja]
Tóquio	Tokija (s)	[tɔkija]
Toronto	Toronto (s)	[tɔrɔntɔ]
Varsóvia	Varšava (s)	[varʃava]

Veneza	**Venēcija** (s)	[vɛneːtsija]
Viena	**Vīne** (s)	[viːne]
Washington	**Vašingtona** (s)	[vaʃiŋgtɔna]
Xangai	**Šanhaja** (s)	[ʃanxaja]